Beck'sche Reihe
BsR 374

amnesty international (ai), 1961 gegründet, ist als Gefangenenhilfsorganisation weltweit zu einer politischen Institution geworden und besitzt öffentliches Gewicht: Es gibt über eine halbe Million Mitglieder und Förderer in mehr als 160 Ländern, über 3600 Gruppen in 55 Ländern. ai-Delegierte arbeiten in einem halben Dutzend hochkarätiger internationaler Organisationen. Tausende politische Gefangene wurden von ai adoptiert, um sie bemühen sich lokale Gruppen. Wie funktioniert diese riesige Organisation? Wie sind der Apparat und die Zentrale aufgebaut? Wer finanziert ai? Wie gelingt es, Gefangene aus dem Folterkeller zu befreien? Wie wird die politische Unabhängigkeit erhalten und diskutiert? Warum kämpfen ai-Gruppen nicht um die Menschenrechtsopfer im eigenen Land? Warum schweigt die Hilfsorganisation zu den politischen Ursachen?

Leo A. Müller, Jahrgang 1959, arbeitet als freier Journalist im Bonner Journalistenbüro, unter anderem für Fernsehen und Zeitschriften. Veröffentlichungen u. a.: Die Wendejugend (zus. mit Klaus Farin), 1984; Deckname: Schiller (zus. mit Helmut Lorscheid), 1986.

LEO A. MÜLLER

betrifft: amnesty international

VERLAG C.H.BECK MÜNCHEN

Mit 13 Abbildungen
(Archiv amnesty international)

Ich danke meinen Kollegen Helmut Lorscheid und Mathias Erb-Sommer im Bonner Journalistenbüro für viele Hinweise und Hilfen.
amnesty-Pressereferent Mike Wuliger hat zahlreiche Dokumente, Informationen und Anregungen geliefert, die sehr wertvoll für dieses Buch waren.
Meinem Lektor Klaus Humann danke ich für seine Geduld und die kritische Bearbeitung des Manuskripts.
Ganz besonders danke ich Roswitha, die viele Entbehrungen auf sich nehmen mußte.

CIP-Titelaufnahme der Deutschen Bibliothek

Müller, Leo A.:
betrifft: amnesty international / Leo A. Müller. –
Orig.-Ausg. – München : Beck, 1989
(Beck'sche Reihe ; 374)
ISBN 3 406 33129 7
NE: GT

Originalausgabe
ISBN 3 406 33129 7

Lektorat: Klaus Humann, Hamburg
Umschlagentwurf: Uwe Göbel, München (Zeichnung: Claude Serre)

Gesamtherstellung: C. H. Beck'sche Buchdruckerei, Nördlingen
Printed in Germany

Inhalt

Ricardo und Willie. Ein Vorwort

„Ich schreibe, um Euch die schöne Nachricht mitzuteilen, daß Ricardo vor zwei Tagen freigelassen wurde. Er befindet sich seelisch in einer guten Verfassung, leider nicht körperlich. Im Augenblick ist er wie in einem Freudenrausch."

Die glückliche Mitteilung stammt von Laura, der Frau von Ricardo Giuria Lasner aus Uruguays Hauptstadt Montevideo. Ricardo verbrachte drei Jahre und drei Monate hinter Gittern, weil er eine andere politische Meinung hatte als die uruguayische Militärdiktatur erlaubte. Ricardo wurde deshalb nach gründlicher Prüfung der Umstände seiner Verhaftung „politischer Gefangener" von amnesty international. Die Gruppe mit der Nummer 1610 in Friedrichsdorf, Bezirk 3600, übernahm den Fall Ricardo Giuria Lasner. Als die ai-Gruppe mit der Betreuung des Gefangenen begann, wußten ihre Mitglieder so gut wie nichts über Uruguay, nichts über die Geschichte und Wirtschaftsstruktur des Landes, nichts über die politischen Hintergründe. Von Ricardo, damals 32 Jahre alt, kannten sie nur einen Streckbrief mit vierzehn Standarddaten: Name, Land, Geburtstag, Familie, Anklage, Urteil, Prozeß, Ort der Inhaftierung usw.

Die ai-Gruppe Friedrichsdorf verfügte lediglich über einen Vorteil: Gruppenmitglied Karl-Heinz sprach Spanisch. Er konnte Briefe an Ricardos Frau verfassen. So hatte Laura in der Zeit ihrer Not einen vertrauenswürdigen Briefpartner, weit weg auf einem fernen Kontinent. „Querido Karl" – „Geschätzter Karl" begann sie die zahlreichen Briefe, in denen Nachrichten von schwerer Folter und Erpressungs-Verhören, von seelischer Qual und schreiender Ungerechtigkeit mitgeteilt wurden.

Bevor Ricardos Familie – er hatte damals zwei Kinder – überhaupt wußte, wo der Vater steckte, vergingen fünf Monate. 150 Tage entsetzlicher Qual, Fragen und Hoffnung auf eine

Nachricht, jeder Tag in Erwartung der Nachricht über Tod und Leben. Die Angehörigen der „Verschwundenen" durchleiden eine fürchterliche Ohnmacht und Hilflosigkeit, oft schlimmer als die Trauer um Ermordete und Inhaftierte, eine Trauer ohne Ende.

Ricardo Giuria Lasner ist ein ganz typischer Fall für die Gefangenenhilfsorganisation amnesty international. Die „Adoption" von einzelnen Gefangenen gehört zu dem klassischen Arbeitsfeld von ai. Der Fall Ricardo konnte erfolgreich abgeschlossen werden. Ricardo durfte das Militärgefängnis mit dem zynischen Namen „Libertad" (Freiheit) wieder verlassen.

Doch allzuoft sind nicht alle Probleme mit der Freilassung geklärt. Die Gefolterten und Gedemütigten müssen erst wieder lernen, mit ihrer Familie umzugehen, normale soziale Kontakte erlernen, manchmal tiefe seelische Depressionen durchleben. Sie müssen wieder Arbeit finden und lernen, die Menschen wieder zu lieben. Auch dabei will ai helfen. Denn nach vielen Jahren Betreuungsarbeit für Gefangene rund um den Erdball ist deutlich geworden, daß die Aktendeckel nicht geschlossen werden können, wenn sich für den Gefangenen die Gefängnistore wieder öffnen.

Willie Jasper Darden, schwarzer Amerikaner aus dem Bundesstaat Florida, dem „Sonnenstaat" im Südosten der USA, ist ein weiterer Fall, um den sich amnesty international bemühte – erfolglos. Am 15. März 1988 wurde der 54jährige auf dem elektrischen Stuhl im Gefängnis Starke hingerichtet, korrekt und „sauber", wie die amerikanische Hinrichtungsmaschinerie eben funktioniert: mit geistlichem Beistand, Zeugen und einem Arzt, der nach den todbringenden Stromschlägen den Tod des Gefangenen begutachtet.

Willie Jasper Darden beteuerte bis zuletzt seine Unschuld. Ihm war vorgeworfen worden, 1974 einen Weißen ermordet zu haben. Ein rein weißes Geschworenengericht verurteilte ihn zum Tode, obwohl nur äußerst „problematische" Zeugenaussagen gegen ihn vorlagen, wie Verfassungsrichter Harry Blackmun den Fall kommentierte. Die Ehefrau des Opfers identifizierte Darden als Täter bei einer Gegenüberstellung, bei der er der einzige Schwarze war. Ein Nachbar des Ermordeten wählte Dardens Foto aus einer Reihe von Verdächtigen-Fotos aus. Dardens Bild trug als einziges den Vermerk, daß er am Tag nach der Tat festgenommen worden war.

Die beiden Beispiele zeigen das „Undankbare“ bei der amnesty-Arbeit: im Fall Ricardo, wie bei fast allen Freigelassenen, weiß die Organisation nicht mit Gewißheit, ob ihre Briefe, Petitionen, Bitten und Hilfen dazu geführt haben, daß der Gefangene entlassen wurde. Vielleicht war es auch nur eine Laune der Militärjustiz oder der Regierung, möglicherweise die Intervention von Politikern und Kirchen oder auch das Engagement der Angehörigen und der Widerstand und Lebensmut der Gefangenen selbst? Doch beim Fall Willie Jasper Darden, bei dem ai mit dem Gnadengesuch scheiterte, steht die Erfolglosigkeit mit Gewißheit fest. Da hilft es auch nicht viel zu wissen, daß auch andere mit ihrem Protest gescheitert sind, wie im Fall Dardens selbst Papst Johannes Paul II., der Friedensnobelpreisträger Sacharow und der US-Präsidentschaftsbewerber Jesse Jackson. Bob Martinez, der Gouverneur von Florida, ließ sich nicht umstimmen, Darden mußte sterben, obwohl seine Schuld nicht zweifelsfrei feststeht.

Darden war seit 1976 der achtzehnte in Florida hingerichtete Gefangene. In 128 Ländern der Welt ist die Todesstrafe gesetzlich verankert, nur 32 Staaten haben die Todesstrafe endgültig abgeschafft. In manchen Ländern wird sauber Buch geführt über Urteile und erfolgte Hinrichtungen, auf Wandzeitungen, Plakaten und in Zeitungen. In anderen Ländern wird exekutiert, ohne daß die (Welt-)Öffentlichkeit davon erfährt.

Beispiel – Monat Januar 1988, eine Statistik des Grauens ohne die Dunkelziffern: 59 Menschen wurden in zehn Ländern zum Tode verurteilt, 55 Menschen in zehn Ländern hingerichtet, durch den Strang, Genickschüsse, Säbelhiebe, Giftspritzen oder Elektroschock.

Die Kampagne gegen die Todesstrafe ist ein Schwerpunkt der ai-Arbeit, neben der Adoption einzelner politischer Gefangener, der Aufklärungsarbeit über Menschenrechtsverletzungen in einzelnen Ländern, der Kampagne gegen die Folter und dem Engagement für politisch Verfolgte.

Immerhin, trotz einer Schreckensbilanz, die sich kaum verändert, hat seit 1975 jährlich ein Staat die Todesstrafe abgeschafft. Den Erfolg kann amnesty zumindest zum Teil für sich verbuchen. Ihr Engagement für zum Tode Verurteilte hat die Weltöffentlichkeit wachgerüttelt und viele Länder bewogen, ihr Menschenrechts-Image zu verbessern.

Ricardo und Willie sind nur zwei Fälle von Tausenden, um die sich amnesty international bemüht. Zwei Beispiele für die Möglichkeiten und Grenzen einer Organisation, die mittlerweile weltweit zu einer Institution geworden ist und öffentliches Gewicht besitzt.

Journalisten berichten häufig unter Berufung auf ai über Menschenrechtsverletzungen. Regierungen geraten in Rechtfertigungszwang, wenn ai den Länderbericht als Ergebnis einer Mission veröffentlicht. Ai-Delegierte arbeiten in einem halben Dutzend hochkarätiger internationaler Organisationen.

Als Gefangenenhilfsorganisation 1961 in London gegründet, ist ai heute eine multinationale Organisation mit Schlagkraft. Eine halbe Million Mitglieder, Förderer und Abonnenten in mehr als 150 Ländern, 3744 (Stand: Ende 1987) Gruppen in 55 Ländern. Dutzende von Büros mit hauptamtlichen Mitarbeitern bilden das Rückgrat der Organisation, ein Millionen-Etat finanziert die Arbeit der Organisation. Tausende politischer Gefangener wurden von ai adoptiert; um sie bemühen sich lokale Gruppen.

Dieses Buch soll einen Blick hinter die Kulissen des Multis amnesty werfen, die Arbeitsweise und das Selbstverständnis von ai beschreiben und strategische Fragen über den richtigen Weg der Menschenrechtsarbeit von amnesty wiedergeben.

Wie funktioniert diese riesige Organisation? Wie sind der Apparat und die Zentrale aufgebaut? Wer finanziert ai? Wie gelingt es, Gefangene aus dem Folterkeller zu befreien? Wie wird die politische Unabhängigkeit erhalten und diskutiert?

Warum kämpfen ai-Gruppen nicht um die Menschenrechtsopfer im eigenen Land? Warum schweigt die Hilfsorganisation zu den politischen Ursachen?

Dieses Buch ist all jenen gewidmet, die sich in den Gruppen und Büros von amnesty international in ihrer Freizeit oder ihrer täglichen Arbeit für Gerechtigkeit und Menschenrechte einsetzen.

Bonn, Juni 1988 Leo A. Müller

I. Die Geschichte einer weltweiten Bewegung

1. Wie es anfing

Die Erfolgsstory einer Weltorganisation

„Die Geschichte von ai begann an einem Morgen im November des Jahres 1960 in einem Zug der Londoner U-Bahn. Der englische Rechtsanwalt Peter Benenson befand sich auf dem Weg zum Temple, dem traditionsreichen Juristenviertel im Zentrum der britischen Hauptstadt, wo er sein Büro hatte. Wie immer nutzte er diese Gelegenheit, um einen Blick in die Zeitung zu werfen ..." So oder ähnlich wird stets die Geburtsstunde von amnesty international erzählt. Die bundesdeutschen ai-Chronisten Thomas Claudius und Franz Stepan beschreiben den Anfang fast legendenhaft. Ein kurze Meldung in der Morgenzeitung soll Benenson die Eingebung zur späteren ai-Gründung gegeben haben. Der Artikel berichtete von zwei portugiesischen Studenten, die in einem Restaurant über das diktatorische Regime des damaligen Ministerpräsidenten Salazar kritische Worte fallenließen. Ein Zeuge erstattete Anzeige. Die jungen Studenten wurden verhaftet und zu einer jahrelangen Gefängnisstrafe verurteilt. Beim Lesen dieser Meldung soll bei dem damals 39jährigen Rechtsanwalt der Entschluß gereift sein, der später zur Gründung von ai führte. Sogar von „Vision" wird gesprochen.

Was auch immer Peter Benenson die Inspiration für sein Engagement gab, wird sein Geheimnis bleiben. Die Geschichte sprach jedenfalls viele kritische Bürger an, deren Empörung und Wut über die alltäglichen Meldungen von Menschenrechtsverletzungen im Gefühl der eigenen Ohnmacht hängenblieb. Wie ein Bibel-Gleichnis sollte die Story all jenen Mut machen, die etwas verändern wollten, aber keinen Weg wußten.

amnesty-Gründer Peter Benenson

Jedenfalls war die Gründungsgeschichte von amnesty international weniger die spontane Idee bei der morgendlichen U-Bahnfahrt. Der Start wurde eher politisch-professionell und mit viel Fingerspitzengefühl für politische Stimmungen und Meinungen geplant. Peter Benenson war nicht irgendein Rechtsanwalt mit Gerechtigkeitssinn, sondern ein erfahrener, politisch engagierter Mensch, der um die Methoden für den Aufbau einer politischen Kampagne wußte.

Amnesty wäre keine weltweite Organisation geworden und hätte auch nie eine so große Publizität bis hin zum Friedensnobelpreis erlangt, hätten nicht schon zu Beginn politische Köpfe ein Konzept entwickelt, das auf die Weltöffentlichkeit gerichtet war.

Peter Benenson, Kind englisch-russischer Eltern jüdischer Abstammung, aber selbst zum katholischen Glauben konvertiert, genoß das britische Bildungsbürgertum in der Eliteschule Eton und studierte auf dem Balliol-College in Oxford Jura. Während des Zweiten Weltkrieges war er beim britischen Intelligence Service beschäftigt und entschlüsselte feindliche Nachrichtencodes. Drei Jahre nach dem Krieg begann für ihn eine erfolgreiche Tätigkeit als Anwalt. Er trat der sozialdemokratischen Labour Party bei und reiste zu Beginn der fünfziger Jahre als Vertreter der britischen Gewerkschaften und mit Auftrag der Labour Party zu politischen Prozessen in die spanische Franco-Diktatur. Nach diesen Prozeßerfahrungen gründete der politisch engagierte und eifrige Anwalt die erste Gefangenenhilfsorganisation, das „Spanish Democrat's Defence Committee". Die Organisation sollte spanische Häftlinge und deren Familien ideell und materiell unterstützen.

1956 gründete Benenson, damals schon Unterhauskandidat der Labour Party, eine weitere, nationale Menschenrechtsorganisation nach dem Vorbild der „American Civil Liberties Union". Die britische Organisation wurde „Justice" (Gerechtigkeit) getauft und verstand sich als überparteiliche Vereinigung in Konkurrenz zu einer bereits bestehenden britischen Menschenrechtsvereinigung, die Benenson zu kommunistisch erschien, dem „National Council of Civil Liberties". Benensons Gegen-Gründung bestand hauptsächlich aus Rechtsanwälten und arbeitete eng mit der britischen Sektion der „Internationalen Juristenkommission" zusammen, in der er ebenfalls engagiert war.

Dieser Organisationskampf in den fünfziger Jahren sollte später den Hintergrund für eine Krise bilden, die amnesty international beinahe nicht überlebt hätte. Die Gründung dieser Organisationen ist als ein Teil des propagandistischen Kampfes in der damaligen Hochphase des Kalten Krieges zwischen Ost und West zu verstehen. Die westlichen Regierungen, allen voran die amerikanische mit ihren mächtigen Geheimdiensten, setzten alles daran, den ideologischen Kampf gegen die Kommunisten mit größter Härte auf möglichst vielen gesellschaftlichen Ebenen zu forcieren. Auch die Menschenrechtsfrage wurde zum Vehikel des Kalten Krieges gemacht.

Peter Benenson zog sich drei Jahre später aus dem Parlament zurück, um in Italien, wie er selbst erzählte, eine schwere Krankheit auszukurieren. 1960 arbeitete er an einem Taschenbuch mit dem Titel „Verfolgung 1961", das über das Schicksal

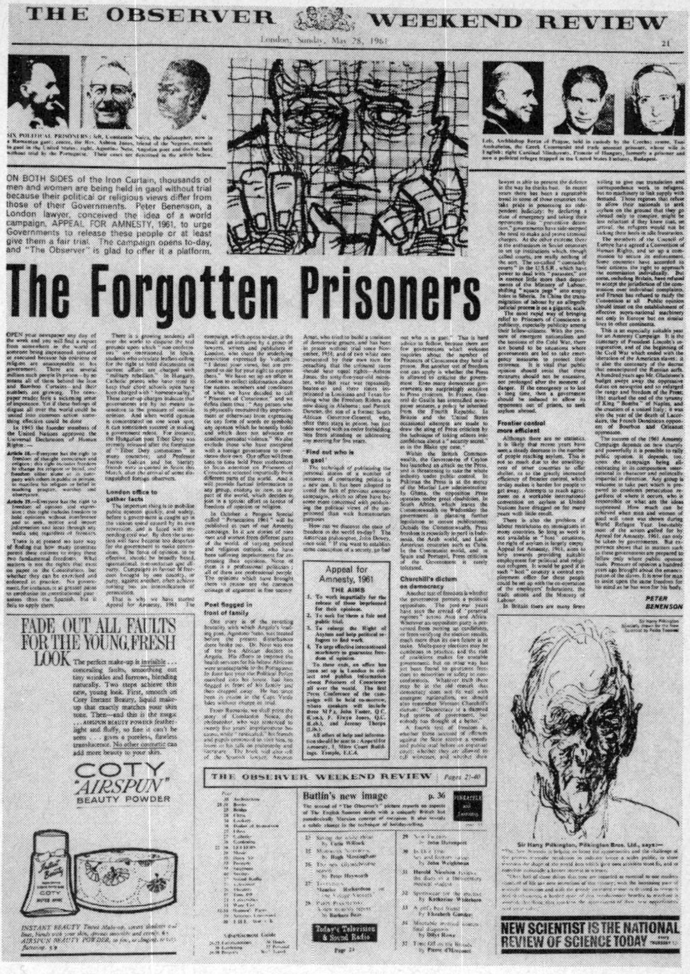

THE OBSERVER WEEKEND REVIEW

ON BOTH SIDES of the Iron Curtain, thousands of men and women are being held in gaol without trial because their political or religious views differ from those of their Governments. Peter Benenson, a London lawyer, conceived the idea of a world campaign, APPEAL FOR AMNESTY, 1961, to urge Governments to release these people or at least give them a fair trial. The campaign opens to-day, and "The Observer" is glad to offer it a platform.

The Forgotten Prisoners

Appeal for Amnesty, 1961

THE AIMS

PETER BENENSON

FADE OUT ALL FAULTS FOR THE YOUNG, FRESH LOOK

COTY "AIRSPUN" BEAUTY POWDER

THE OBSERVER WEEKEND REVIEW

Butlin's new image

NEW SCIENTIST IS THE NATIONAL REVIEW OF SCIENCE TODAY

Die vergessenen Gefangenen. (The Observer, 28. Mai 1961)

von neun politischen Gefangenen berichtete, für die er sich einsetzte.

Sechs Monate lang diskutierte und plante er in einem kleinen Kreis die Neugründung einer Menschenrechtskampagne, die wirkungsvoller als die Arbeit der nationalen Organisationen sein sollte. Es entstand „Appeal for Amnesty, 1961“, zunächst als einjährige Menschenrechtskampagne geplant. Die Kampagne sollte öffentlichen Druck erzeugen, um die Freilassung von politischen Gefangenen zu bewirken.

Weitere Mitstreiter waren damals der Quäker Eric Baker, damals Sekretär des britischen „National Peace Council“ (Nationaler Friedensrat) und Louis Blom-Cooper, ein angesehener Londoner Rechtsanwalt und Autor juristischer Beiträge in „The Observer“, der traditionsreichsten Wochenzeitung Großbritanniens.

Der „Observer“ und sein Herausgeber David Astor waren wohl der entscheidenste Faktor für den erfolgreichen Start der Kampagne. Er sorgte dafür, daß die Titelseite des Weekly Review, eines Magazinteils der Zeitung, für einen Artikel Peter Benensons freigemacht wurde. Dieser Artikel leitete die Kampagne ein und wurde somit praktisch der amnesty-Gründungsaufruf.

Der Beitrag mit dem Titel „The Forgotten Prisoners“ (Die vergessenen Gefangenen) erschien am 28. Mai 1961 in einer Auflage von 600000 Exemplaren. Benenson wählte den katholischen Dreifaltigkeitssonntag, da er die Dreifaltigkeit als Symbol für die Einheit der drei weltpolitischen Blöcke verstand.

Diese religiöse Verankerung der Kampagne prägte auch die Entwicklung der Organisation. Sie war ein Stück Triebkraft im Engagement für die Menschenrechte. Sie war auch der Versuch einer Überwindung der ideologischen Grabenkämpfe des Kalten Krieges, in denen Benenson und etliche seiner Mitstreiter und amnesty-Mitbegründer kräftig mitmischten. Vor diesem historischen Hintergrund ist auch das Prinzip zu verstehen, das die Adoption politischer Gefangener in der Organisation bis heute bestimmt. ai gibt den Grupppen vor, stets gleichwertig je einen Gefangenen aus dem Osten, dem Westen und einem Land der Dritten Welt zu betreuen. Diese „Dreifaltigkeit“ mag in der Praxis häufig widersinnig sein und ist selbst von einem Blockdenken bestimmt, das in den Ländern der Dritten Welt kaum verstanden wird, sie half aber der Organisation zu einem Image der ausgewogenen, überparteilichen Seriosität im Kampf um die Menschenrechte.

Die amnesty-Forscher Thomas Claudius und Franz Stepan schrieben über die religiösen Hintergründe der Organisation: „Amnesty war in den Augen seines Gründers eine Weltanschauung, fast so etwas wie eine Religion: eine Religion der Selbsterforschung, der permanenten Infragestellung aller Werte und Überzeugungen und der persönlichen Bescheidenheit."

Diese Züge sind auch heute noch bei vielen amnesty-Veranstaltungen und bei den Mitgliedern erkennbar, sie haben auch Anziehungskraft für viele Menschen, die nach einer Möglichkeit suchen, „endlich etwas gegen die Ungerechtigkeit zu tun".

Das Gewissen der Leser wollte der ai-„Vater" mit seinem Aufruf wachrütteln: „Sie können ihre Zeitung an jedem x-beliebigen Tag der Woche aufschlagen, und Sie werden in ihr einen Bericht über jemanden finden, der irgendwo in der Welt gefangengenommen, gefoltert oder hingerichtet wird, weil seine Ansichten oder Religion seiner Regierung nicht gefallen ... Der Zeitungsleser empfindet eine ekelerregende Hilflosigkeit. Wenn jedoch diese Gefühle des Abscheus in der ganzen Welt in einer gemeinsamen Aktion vereint werden könnten, wäre es möglich, etwas Wirkungsvolles zu tun." Mit diesen einleitenden Sätzen wurde schon die internationale Zielsetzung deutlich. Den entscheidenden Schritt, um aus der amnesty-Kampagne eine weltweite Vereinigung zu entwickeln, machten die Initiatoren mit einer beispiellosen Pressekampagne, die bis heute keine Nachahmung gefunden hat. Über die Kontakte des „Oberver" wurde der amnesty-Aufruf in über 30 Zeitungen der westlichen Welt veröffentlicht, im Abstand von wenigen Wochen in den meistgelesenen Blättern, darunter „Herald Tribune", „Le Monde" und „Corriere della Sera". Ein kleiner Kreis von acht Personen konzipierte diese Kampagne, überwiegend Journalisten und Juristen.

Der Start einer neuen Organisation mit der Millionenauflage der (halben) Weltpresse ist wohl einer der wichtigsten Gründe für den schnellen Erfolg von ai. Diese einzigartige Pressekampagne verschaffte amnesty international eine Popularität und

Bedeutung, die bei keiner anderen politischen Organisation mit freiwilliger Mitarbeit erreichbar ist. Es ist kaum vorstellbar, daß vergleichbar bekannte Organisationen wie „Greenpeace" oder die „Ärzte gegen den Atomkrieg" auch nach Jahren erfolgreicher Arbeit eine solche Pressewirkung erzielen könnten, um zu einer Kampagne aufzurufen. „Wäre der Artikel nur in England erschienen", resümiert Peter Benenson, „wären wir wohl nicht sehr weit gekommen."

Entsprechend dem gewaltigen Medienecho war auch die Reaktion gewaltig. In dem von Benenson eingerichteten Kampagnen-Büro in London und in der Redaktion des „Observer" kam eine Flut von Briefen an, in denen Spenden und Mitarbeit angeboten wurden. Acht ständige Mitarbeiter sorgten für den organisatorischen Aufbau und die Gründung von lokalen Gruppen. Eine hauptamtliche Bibliothekarin und Freiwillige sammelten und archivierten Berichte und Zeitungsartikel über Gefangene. Haupt-Informationsquelle war damals wie heute die ausländische Presse, die nach Meldungen und Hinweisen auf Menschenrechtsverletzungen durchforstet wurde.

Die zweite große Aktion wurde am Tag der Menschenrechte im Dezember 1961 wiederum mit religiösen Motiven veranstaltet. Das von der britischen Künstlerin Diana Redhouse entwikkelte amnesty-Symbol, eine von Stacheldraht umgebene Kerze, wurde auf den Stufen der berühmten Kirche St.-Martin-in-the-Fields am Trafalgar Square angezündet. Odette Churchill Halkern entzündete diese erste amnesty-Kerze. Sie war die bekannteste britische Agentin in dem von den Nazis besetzten Frankreich gewesen. Sie wurde von den deutschen Besatzern gefangen und in ein Konzentrationslager gesteckt, aus dem sie später fliehen konnte.

Der britische Journalist Jonathan Power nannte die amnesty-Geburt in einem Porträt der Organisation ein „typisch englisches Konzept": „anspruchslos, dezentral, sparsam und unbekümmert um ideologische, religiöse und rassische Grenzen. Weniger typisch englisch war sein erstaunlicher Erfolg auf breiter internationaler Ebene."

Tatsächlich wurde noch im ersten Gründungsjahr die Initiative für weitere Gruppen in anderen Ländern ergriffen. Die deutsche amnesty-Sektion war die erste.

2. *Vergangenheit als Auftrag*

Die Gründung der deutschen Sektion

„Es handelte sich keinesfalls um eine Protestbewegung, wie sie heute so zahlreich in Mode sind", bilanzierte Peter Benenson fünfzehn Jahre später. „Es handelt sich vielmehr um die Zusammenarbeit von Menschen aus allen Ländern der Erde für ein Ziel und nicht gegen etwas. Das Ziel heißt Meinungs- und Religionsfreiheit."

Die Ziele wurden durch den Londoner Gründungsaufruf auch für alle anderen nationalen Sektionen vorgegeben, die Prinzipien mußten übernommen werden. Die Grundlagen für die Arbeit waren von Benenson im „Observer" formuliert:

1. Unparteiisch für die Haftentlassung jener zu arbeiten, die wegen ihrer Meinung eingesperrt sind.
2. Für sie einen fairen und öffentlichen Prozeß zu erwirken.
3. Das Asylrecht zu erweitern und politischen Flüchtlingen bei der Arbeitsbeschaffung zu helfen.
4. Auf eine wirksame internationale Maschinerie zu dringen, die das Recht auf freie Meinungsäußerung garantiert."

Dennoch setzten die bundesdeutschen amnesty-Gründer eigene Maßstäbe, die durch die deutsche Vergangenheit, aber auch durch die berufliche und politische Zusammensetzung der Gründermütter und -väter geprägt wurden.

Drei Kölner Journalisten, Carola Stern, Gerd Ruge und Felix Rexhausen, machten den Anfang. Carola Stern war politische Lektorin beim Kölner Verlag Kiepenheuer & Witsch, später Redakteurin beim Westdeutschen Rundfunk; Rexhausen und Ruge kamen ebenfalls aus dem Rundfunkhaus am Kölner Appellhofplatz.

Der Benenson-Appell wurde Anfang Juni in der „Welt" auszugsweise veröffentlicht. Den Anstoß gab jedoch, wie Carola Stern später über die Gründerjahre schrieb, der Herausgeber von „Preuves", François Bondy. Er schickte den Appell gleich nach dem Erscheinen an die ihm bekannte Kölner Journalistin Sabine Brandt, die dort Geschäftsführerin des „Kongresses für die Freiheit der Kultur" war. Dieses Büro wurde 1950, zu Beginn des Korea-Krieges, von Schriftstellern und Journalisten „mit dem Ziel gegründet, geistigen Widerstand gegen den Stalinismus zu entfalten" (Carola Stern). Unterstützer dieses Kongresses waren so bekannte Persönlichkeiten wie Arthur Koestler, Ignaz Silone und Hermann Kesten. Auch in der Bundesrepublik gab es also eine ähnliche organisatorische Vorgeschichte wie in London. Amnesty-Gründerin Carola Stern über die politischen und finanziellen Hintergründe: „Der Kongreß, versorgt mit Geldern aus den USA, unterhielt in der Bundesrepublik mehrere Büros und gab die Zeitschriften ‚Preuves' (Paris), ‚Encounter' (London) sowie den ‚Monat' in Berlin heraus." Sabine Brandt nahm über den „Encounter"-Redakteur Malvin Lasky den ersten Kontakt zu Benenson auf. „Denn wir bemühen uns schon seit Monaten um eine Amnestierung der politischen Gefangenen in den Zuchthäusern der Sowjetzone."

Die amnesty-Gründergeneration war tief geprägt vom Ost-West-Konflikt, viele Mitglieder der ersten Stunde waren direkt oder indirekt Opfer politischer Verfolgung in der sowjetisch besetzten Zone oder hatten Verfolgung in der Zeit des Nazi-Regimes kennengelernt. Zum Beispiel Wolfgang Leonhard, der zum ersten Dutzend deutscher amnesty-Kämpfer gehörte: mit seiner kommunistischen Mutter mußte er Nazi-Deutschland verlassen. Susanne Leonhard kam dort in den Strudel der Ideologiekämpfe um die Komintern, wurde zur Zeit der Großen Säuberungen verhaftet und für ein ganzes Jahrzehnt in Zwangsarbeitslager gesteckt. Wolfgang Leonhard gelang später die Flucht von der Eliteschule für ausländische Kommunisten. Seine Autobiographie über diese Jahre in Moskau wurde zum Weltbestseller: „Die Revolution entläßt ihre Kinder". ai-Gründer Hermann Bortfeld, damals Referent für Kulturpolitik im

SPD-Parteivorstand, emigrierte als Sozialist wegen der Nazis nach Frankreich.

Für Carola Stern war amnesty der Beginn eines politischen Lernprozesses. Ihr Bekenntnis: „Ich war als junges Mädchen begeisterte Hitler-Anhängerin gewesen. Unsere Scham darüber war noch immer groß. Der Wunsch nach Wiedergutmachung, herrührend aus der Nazizeit, der Wunsch nach sinnvoller gesellschaftlicher Tätigkeit, herrührend aus den Nachkriegsjahren in der DDR, und der Wunsch, anderen Gefangenen zu helfen, da ich meinem Mann – Gefangener unter Hitler und dann Ulbricht – nicht hatte helfen können, führten mich zu amnesty."

Ihr Blick und ihre Sorgen richteten sich damals in erster Linie auf den Osten. „Mich an die Anfangszeit in Köln erinnernd, wird mir schnell bewußt, wie begrenzt unser Horizont gewesen ist. Wir wußten hauptsächlich von politischen Gefangenen in Osteuropa und der DDR, wohl auch in Portugal und Spanien – von den Tausenden und Abertausenden Opfern des Kolonialismus, der Apartheid in Angola und Moçambique, in Rhodesien und Südafrika wußten wir so gut wie nichts. Und die Folter, hofften wir, sei mit Hitler und Stalin aus der Welt gegangen. Die ersten Berichte über Folter, die ich in den sechziger Jahren las, hielt ich zunächst wiederum für Greuelmärchen."

Für amnesty, eine Organisation, die sich ebenso engagiert für kommunistische Gefangene der portugiesischen Kolonialmacht im südlichen Afrika wie für Häftlinge in der Sowjetunion einsetzen wollte, war eigentlich in der jungen Bundesrepublik Deutschland kein Platz. Alles galt der Abwehr des kommunistischen Einflusses. Einsatz für Menschenrechte gab es nur in den sozialistischen Ländern. Diktaturen des Westens, wie das faschistische Franco-Regime, galten als Bollwerk gegen den Weltkommunismus.

Der Anstoß aus Großbritannien machte es möglich, daß auch in der Bundesrepublik ein Umdenken stattfand, das erstmalig Rücksichten auf die Menschenrechte in der Dritten Welt nahm. Der Londonder amnesty-Mann Eric Baker reiste als Initiator nach Köln, um die Mitglieder des „Kongresses für die Freiheit der Kultur" auf deren Sommerfest für die neue Idee zu begeistern. Das Kongreß-Büro in der Goltsteinstraße 185 im Kölner Süden war die erste Anlaufstelle, die Satzung des Kongresses wurde kurzerhand übernommen, der Name wurde importiert: „Amnestie-Appell."

Mit Informationen über DDR-Häftlinge, um die sich Sabine Brandt schon länger kümmerte, konnte die junge bundesdeutsche Sektion die amnesty-Arbeit bereichern. Dr. Wolfgang Harich und der Gewerkschafter Heinz Brandt waren erste Fälle, die öffentlich sehr bekannt wurden.

Den ersten Vorstand bildeten Gerd Ruge, Felix Rexhausen und Carola Stern. Vorsitzender wurde Ruge, „Initiator, Sprecher, Inspirator, der das Profil der bundesdeutschen Sektion in den ersten Jahren prägte" (Stern über Ruge). Die ersten Spenden besorgte er in Höhe von je 10000 Mark von der IG Metall, dem Erzbistum Köln und von Krupp in Essen.

Die eigentliche Anerkennung als bundesdeutsche Sektion von ai erhielt die kleine Gruppe auf der ersten internationalen amnesty-Konferenz im Juli 1961 in Luxemburg. Delegierte aus Belgien, Irland, Frankreich, England, der Bundesrepublik, der Schweiz und den USA nahmen an dieser Begegnung teil, die praktisch amnesty als internationale Organisation konstituierte.

Sean MacBride, eine schillernde Persönlichkeit aus den ai-Gründerjahren und Mitorganisator der Konferenz, sah in amnesty die große Nachkriegs-Hoffnung für die Menschenrechte: „Obwohl der Eichmann-Prozeß während der Konferenz nicht erwähnt wurde, war doch zu spüren, daß es, hätte eine internationale Bewegung wie amnesty bereits in den dreißiger Jahren existiert, keinen Krieg, keine Konzentrationslager und keine Gaskammern gegeben hätte – und keinen Eichmann."

Nach der Konferenz wurden ai-Gruppen und -Sektionen in Belgien, Irland, der Schweiz und Griechenland, den USA, ja sogar in Australien gegründet. Benenson und Baker reisten rund um die Welt, um die Organisation international zu etablieren.

Die bundesdeutsche Sektion hatte jedoch mit großen Startschwierigkeiten zu kämpfen. Zehn Tage nach dem Antrag auf Eintragung ins Vereinsregister wurde die Mauer in Berlin gebaut. Die Deutschen waren mit sich selbst beschäftigt. Sie erwarteten „Hilfe von der ganzen Welt", kommentierte Carola Stern, „doch anderen zu helfen, kam zunächst nur wenigen in den Sinn." Drei Jahre nach der Gründung gab es noch nicht einmal zwanzig Gruppen und noch keine 100 Mitglieder. Als der Schriftsteller Reimar Lenz Weihnachten 1963 in der Jugendzeitschrift „twen" eine Reportage über amnesty veröffentlichte, die immerhin 700000 Leser erreichte, erhielt die Redaktion nur einen Brief.

1963/64 wurde das erste provisorische Büro in einer Privatwohnung eingerichtet, die erste Broschüre gedruckt. Und die ersten Gefangenen wurden betreut: ein Oppositionsführer aus Ghana, ein ungarischer Bauernführer, ein indonesischer Schriftsteller, der bekannte südafrikanische Freiheitskämpfer Robert Sobukwe und ein junger Protestant aus der DDR.

Die deutsche Sektion engagierte sich in den Gründerjahren auch im innenpolitischen Bereich, was heute durch die ai-Statute strikt untersagt wäre. Im Namen von amnesty lud Gerd Ruge international bekannte Juristen, Politologen, Journalisten und Militärexperten zu einem Symposium ein, um über die „Spiegel-Krise" zu diskutieren.

Der „Spiegel"-Herausgeber Rudolf Augstein wurde in der jungen Adenauer-Republik verhaftet, weil ihm wegen der Veröffentlichung einer militärpolitischen Analyse „Landesverrat" vorgeworfen wurde. Die Diskussion um die „Spiegel"-Veröffentlichung vom 10. Oktober 1962 war die erste große Auseinandersetzung über politische Liberalität und Pressefreiheit in der Bundesrepublik.

Zur gleichen Zeit begannen die Briten, ihren ersten aufsehenerregenden Fall zu bearbeiten. Es ging um den Erzbischof von Prag, Kardinal Josef Beran, der in den tschechoslowakischen Gefängnissen verschwunden war, ohne daß jemand wußte, ob er noch lebte oder in Haft festgehalten wurde. Beran war als Gegner der Nationalsozialisten schon drei Jahre in den Konzentrationslagern Dachau und Theresienstadt und wurde nach Kriegsende von den Prager Kommunisten mit einem Hochverratsprozeß aus der Kirche getrieben.

Sean MacBride reiste als Vorsitzender der irischen ai-Sektion im Februar 1962 nach Prag, um bei dem Außenminister Dr. Jiri Hajek vorzusprechen. Das erste Mal wurde ein Prinzip bewußt durchbrochen, das es den Regierungen leichtmacht, zu foltern und verschwinden zu lassen, wie es gerade ins politische Konzept paßt. Menschenrechtsverletzungen galten als „innere Angelegenheit", als Tabuthema für andere Regierungen, für Bürger und Organisationen aus anderen Ländern.

Dieses Prinzip wurde von amnesty international in jahrelanger Arbeit systematisch verletzt – die vielleicht größte diplomatische Pionierleistung von amnesty für die Menschenrechte.

Sean MacBride schrieb über die Widerstände gegen seine Mission: „Ich erklärte, daß es geradezu der Hauptzweck von amnesty sei, ihre Nase in die inneren Angelegenheiten von Ländern zu stecken, wo immer es Gewissensgefangene gäbe, und daß die Regierungen uns überall, sei es in Südafrika, Portugal, Ghana oder in Tschad, als dazwischenfunkende Wichtigtuer betrachteten, die eigentlich in ein Konzentrationslager gehörten und denen es nicht erlaubt sein solle, autokratische Regierungen zu belästigen." Es war der tschechischen Regierung offenbar nicht besonders angenehm, „mit gewissen anderen Ländern in einen Topf geworfen zu werden". Doch erst eine massive Öffentlichkeitskampagne in England, Kanada und den USA, mit Hilfe von Radiostationen wie BBC und dem US-Feindpropagandasender Radio Free Europe, brachte die Prager Regierung zum Einlenken. Im Oktober 1963 wurden der Erzbischof und vier weitere Bischöfe freigelassen – allerdings ohne Seelsorge-Rechte. Erst weitere Interventionen erreichten, daß ein Hausarrest aufgelöst wurde und der vom Papst mittlerweile zum Kardinal ernannte Geistliche nach Rom ausreisen durfte.

Der Kampf um die Religionsfreiheit für den Kirchenmann dauerte, wie viele amnesty-Fälle, Jahre. Josef Beran erhielt nach vier Jahren amnesty-Hilfe die Ausreisegenehmigung.

Über den Fall Josef Berans und andere spektakuläre Kampagnen wurde amnesty weltweit zu einer bekannten Organisation. Er war nicht der letzte Gottesmann, für den sich die Menschenrechtsorganisation einsetzte.

Der Berliner Pastor Heinrich Albertz, als Regierender Bürgermeister Berlins während der Studenten-Unruhen bekanntgeworden, schrieb einmal, „amnesty international hätte eigentlich von den Kirchen gegründet werden müssen“. In dem Satz steckte seine Enttäuschung über beide deutsche Amtskirchen, die „den größten Zerstörer der Menschenrechte in Europa, den Verbrecher Adolf Hitler, bis auf wenige Ausnahmen freudig begrüßt und bis in die Katastrophe hinein zumindest schweigend geduldet haben“.

Wie die Amtskirchen waren Regierungen und bestehende Institutionen nach dem Zweiten Weltkrieg – vorsichtig formuliert – befangen in der Menschenrechtsfrage. Das Rote Kreuz zum Beispiel war nicht nur durch seine Statuten beschränkt, die Rot-Kreuz-Missionen durch die Konzentrationslager dienten den Nazis eher zur Rechtfertigung, als daß sie den dort Gefangenen hätten helfen können. Viele der Politiker der Linken, die Schriftsteller, Intellektuellen und Journalisten versagten im Widerstand gegen den Faschismus. Nach dem Krieg waren die meisten von ihnen zunächst damit beschäftigt, „neu anzufangen“. Auch die UNO war als internationale Organisation mit politischem Gewicht nur in der Lage, Deklarationen zu verabschieden. Der konkrete Kampf um die Menschenrechte einzelner war jedoch mit dieser Großorganisation nicht möglich.

In dieses Vakuum stieß die Gründung von amnesty international.

3. Der Fall Nelson Mandela

Die Gewaltfrage

Der Gefangene mit der weltweit größten Publizität ist ohne Zweifel Nelson Mandela. Der südafrikanische Freiheitskämpfer ist zum Symbol für den Widerstand und Protest gegen das Apartheid-Regime in Südafrika geworden. Mit seinem Namen verbindet die Welt den Aufstand gegen den Rassismus. Für keinen Gefangenen sind bislang so viele Millionen von Menschen rund um den Erdball auf die Straße oder zu Solidaritätskonzerten gegangen, kein Inhaftierter ist Gegenstand so vieler biographischer Bücher geworden, über keinen Fall wurde so oft in den Massenmedien berichtet.

Nelson Mandela war schon im vierten Jahr des Bestehens von amnesty international der Auslöser für eine Kontroverse, die eine der wichtigsten Auseinandersetzungen in der Geschichte der Organisation ist. Es ging um die Frage, ob ein „Gewissensgefangener", wie die von amnesty betreuten Fälle damals genannt wurden, Gewalt anwenden dürfe oder nicht.

Nelson Mandela, 1918 in der Transkei geboren, trat 1944 in den African National Congress (ANC) ein und führte 1952 eine gewaltfreie Kampagne gegen die Apartheid-Gesetze durch. Die Folge: Mandela bekam Versammlungsverbot und erhielt eine Aufenthaltsbeschränkung. Von 1956 bis 1961 stand er in einem Hochverratsprozeß vor Gericht. Das Verfahren endete mit Freispruch.

Die Erfahrungen in der gewaltfreien Auseinandersetzung mit dem Apartheid-Regime wandelten Mandela vom Pazifisten zum Freiheitskämpfer, der Gewalt befürwortet. Diese Entwicklung ist nicht untypisch bei Oppositionellen in Ländern, in denen jegliche politische Betätigung oder Meinungsäußerung mit Freiheitsentzug und staatlicher Gewalt erdrückt wird. Der gewaltsame Widerstand ist dann für viele der letzte Ausweg, der „Tyrannenmord" oft die allerletzte Hoffnung.

Nelson Mandela wurde wegen der Vorbereitung eines Aufstands im August 1962 verhaftet und im Juni 1964 zu lebenslanger Freiheitsstrafe verurteilt. Seine Frau und seine Tochter kämpfen seitdem für seine Freilassung und gegen die Apartheid. Sie wurden selbst zigfach verhaftet, eingesperrt, gebannt, mit Hausarrest und Verboten der politischen Betätigung belegt.

Die Gewaltdebatte bei amnesty begann, als die ihn betreuende Gruppe die Arbeit niederlegte, nachdem er 1964 aufgrund des südafrikanischen Sabotagegesetzes für schuldig erklärt wurde. Als Gewissensgefangener wurde er nur so lange „adoptiert", wie er sich gewaltfrei betätigt hatte und lediglich für den Versuch, einen Streik zu organisieren, angeklagt worden war.

Zur Diskussion und Abstimmung veröffentlichte Peter Benenson für die Mitglieder zu dem Konfliktfall zwei Fragen, die das Thema langfristig klärten:

„1. Soll amnesty international versuchen, Haftentlassung für jene zu erreichen, die Gewalt zur Unterstützung der Ziele ihrer rassischen Gruppen anwenden?

2. Gibt es im Rahmen der Arbeit von amnesty international eine anwendbare Methode, um das Leiden, verursacht durch rassisch bedingte Intoleranz, zu mildern?“

So geschickt die Fragen, so klar war die Antwort. Die internationale Versammlung, Ende September 1964 in Canterbury veranstaltet, kam einhellig zu dem Entschluß, keine Gefangenen zu adoptieren, die Gewalt befürworten oder anwenden. Hundert Delegierte, die Gruppen aus fünfzehn und Mitglieder aus 42 Ländern repräsentierten, ließen lediglich symbolische Handlungen zu, wie das Herunterreißen von Fahnen oder Plakaten. Notwehr-Handlungen sollten ebenfalls als Ausnahme geduldet werden.

Bis auf den heutigen Tag gilt diese Adoptionsregel. Nelson Mandela wurde als Gewissensgefangener nicht mehr von amnesty betreut. Andere Gefangene, wie von der Todesstrafe Bedrohte, denen häufig Mord vorgeworfen wird, werden nicht adoptiert. amnesty kümmert sich jedoch auch in Petitionen, Gnadengesuchen und anderen Protestformen um diese Opfer von staatlicher Menschenrechtsverletzung.

Zu dem Zeitpunkt, als dieser weittragende Beschluß gefällt wurde, betreute amnesty immerhin bereits 1200 gewaltlose „Gewissensgefangene“ in 400 Adoptionsgruppen, stets nach dem Prinzip der Dreifaltigkeit: Ost, West und Dritte Welt. Achthundert waren seit 1962 bereits freigelassen worden – zumindest zum Teil ein erster Erfolg des Engagements der Gefangenenhilfsorganisation. Schon nach einem amnesty-Lebensjahr wurden Amnestien in Burma, der ČSSR, Frankreich, Ghana, Griechenland, dem Irak, Irland, Portugal, Südkorea, Spanien, dem Sudan und Jugoslawien verkündet. Dies war sicherlich kein Zufall, sondern auch ein Erfolg, den amnesty für sich verbuchen konnte.

Die rasch wachsende Mitgliederzahl führte zu einer kaum noch zu bewältigenden Expansion im Londoner Büro. Das Archiv mit der Recherche-Abteilung, in der Informationen über Gefangene rund um den Erdball gesammelt werden, wuchs stetig. Die Korrespondenz mit Gruppen, Sektionen und anderen Organisationen vervielfachte sich. Missionen zur Besichtigung von Gefängnissen in den untersuchten Ländern, zum Besuch von Gefangenen und Regierungsverantwortlichen wurden zusammengestellt und vorbereitet. Angesehene Persönlichkeiten wurden für die Delegationen ausgesucht und betreut. Regelmäßige Bulletins und Publikationen wurden herausgegeben, um über die Arbeit von ai und die adoptierten Fälle zu berichten.

Ein weiterer entscheidender Schritt in der Entwicklung der Organisation war die Bildung von Organisations- und Delegiertenstrukturen, die eine klare nationale und internationale Entscheidungsgrundlage möglich machten. Die Zeit war nun vorbei, als noch eine Handvoll Leute rund um Peter Benenson alle Entscheidungen fällen konnten. Eine vergleichsweise zentralistische Struktur mit dem Londoner Büro im Mittelpunkt war die Folge.

Dieser Prozeß der Bildung klassischer Organisationsstrukturen erlebte jedoch gleich zu Anfang eine Krise, die amnesty international beinahe in die Spaltung oder gar in das frühe Ende der Organisation getrieben hätte.

4. Dunkle Flecken

Eine peinliche Krise

„Eine Wand des Schweigens" macht sich in der Organisation und bei der Gründergeneration breit, stellten die amnesty-Historiker Claudius und Stepan resigniert fest: „Die Hauptbeteiligten mit Ausnahme Benensons geben nur spärliche Auskünfte oder schweigen sich taktvoll aus." Um so folgenreicher war der Ausgang der Affäre. Sie verschaffte dem ai-Gründer Peter Benenson einen frühen und vorläufigen ruhmlosen Abgang aus der Organisation.

Die Akteure der Geschichte:

Peter Benenson, der bekannte amnesty-„Vater“ und der Mann, der im Büro zunächst alle Fäden in der Hand hielt. 1966 begann er sich allmählich aus der Organisation zurückzuziehen, weil er gesundheitlich nicht in der Lage war, das mörderische Arbeitspensum aus der Gründungszeit weiterhin durchzuhalten. Er erholte sich an zwei bis drei Tagen in der Woche auf seinem Bauernhof in Buckinghamshire.

Robert Swann war der Mann, den sich Benenson als ersten Generalsekretär für die Arbeit im internationalen Sekretariat holte. Er sollte ihm einen großen Teil der Arbeit abnehmen und die Verbindung zu den wachsenden nationalen Sektionen halten. Benenson selbst blieb Präsident. Bevor Swann zu amnesty kam, war er beim britischen Foreign Office in Bangkok beschäftigt.

Sean MacBride, ein erfahrener Diplomat mit einer spannenden Geschichte, war der dritte Akteur in der Affäre und der Mann, der den Skandal zu einem – wenn auch schweigsamen – Ende führte.

MacBride, 1961 einer der Mitgründer der irischen Sektion, wurde 1904 in Paris geboren. Der Freiheitskampf wurde ihm schon in die Wiege gelegt. Mutter Maud Gonne MacBride war irische Unabhängigkeitskämpferin, Vater John MacBride war ein patriotischer Major und wurde 1916 von den Briten hingerichtet. Die ersten Lebensjahre verbrachte Sean in Irland, bis er eine Jesuiten-Schule in Frankreich besuchte. Mit vierzehn Jahren kam er zurück nach England, um dort die Schule abzuschließen – und der Mutter näher zu sein: Maud Gonne saß hinter britischen Gefängnismauern. Aus dem Schulabschluß wurde nichts, als junger Kämpfer in der irischen Unabhängigkeitsbewegung mußte auch er ins Gefängnis.

Später arbeitete er als Journalist und Rechtsanwalt, ohne sein politisches Engagement zu beenden. Er gründete 1936 die Irisch-Republikanische Partei und wurde ihr erster Vorsitzender. Nach dem Krieg war er Abgeordneter im irischen Parlament, von 1948 bis 1951 gar Außenminister Irlands. Nicht nur bei amnesty, auch in zahlreichen anderen internationalen Organisationen und Gremien engagierte sich Sean MacBride. 1949 wurde er Präsident des Ministerrats beim Europarat, zur gleichen Zeit auch Vizepräsident der Organisation für wirtschaftliche Zusammenarbeit (OECD) in Europa. Die diplomatische Arbeit lernte er schon als 17jähriger, als er der irischen Delegation angehörte, die über die Unabhängigkeit Irlands von der britischen Kolonialmacht verhandelte. Was ihm die Briten jedoch nie verziehen haben, ist sein Engagement für die Irisch-Republikanische Armee (IRA). Bis ins hohe Alter setzte er sich für IRA-Häftlinge ein, bestritt den britischen Anspruch auf Nordirland und ging gegen Rassismus, Imperialismus und Atomwaffen auf die Barrikaden.

„Eine schändliche Karriere", schrieb die Londoner „Times" 1987 in ihrem Nachruf dem 83jährig gestorbenen MacBride hinterher.

In der UNESCO-Kommission für die Schaffung einer „Neuen Weltkommunikationsordnung" kämpfte er gegen den dominierenden Einfluß der Nachrichtenagenturen, Film- und Fernsehgiganten der Industrieländer in der internationalen Berichterstattung. In den siebziger Jahren wurde er von der UNO zum Kommissar für Namibia ernannt und – was ihm bislang niemand nachmachte – gleichzeitig Träger des Friedensnobelpreises (1974) und des Lenin-Friedenspreises (1977).

Als amnesty gegründet wurde, war seine parlamentarische Karriere zu Ende: die Partei zerfiel, er verlor sein Abgeordnetenmandat. Vom bewaffneten Kampf hatte er sich längst losgesagt. Er wollte die irische Wiedervereinigung nunmehr mit legalen Mitteln erreichen.

Als er zum Vorsitzenden des Internationalen Exekutivkomitees von amnesty gewählt wurde, war er Generalsekretär der „Internationalen Juristenkommission", die eine wichtige Rolle in der Affäre des Jahres 1967 spielen sollte.

Dr. Selahaddin Rastgeldi, Arzt mit kurdischer Abstammung, in der Türkei geboren, in Schweden seßhaft, war Repräsentant der schwedischen Sektion. Er stellte einen Recherche-Bericht zusammen, der die Affäre ins Rollen brachte und dann doch mit der Sache nichts mehr zu tun hatte.

Die Hauptschauplätze des Stücks waren das Obergeschoß des Crane Court-Hauses in der Londoner Fleet Street, der berühmten Zeitungsstraße, der Bauernhof Benensons in Buckinghamshire und Aden, die Hauptstadt der damaligen britischen Kronkolonie Aden, heute Demokratische Volksrepublik (Süd-)Jemen.

1955 erhielt der Staat im Süden der arabischen Halbinsel die innere Selbstverwaltung, 1963 wurde das Land Mitglied der Südarabischen Föderation. Am 10. Dezember 1963 wurde aus Protest gegen die Föderation auf dem Flughafen eine Handgranate geworfen, als sich der britische Hochkommissar, Sir Kennedy Trevaskis, dort aufhielt. Die Folge: 50 Verletzte, zwei Todesopfer. Noch am gleichen Tag reagierten die Briten mit dem Ausrufen des Ausnahmezustandes und überzogen das Land mit einer Verhaftungswelle.

Bereits 1964 erreichten amnesty in der Londoner Zentrale Berichte über politische Häftlinge, die nicht wegen klarer Straftaten eingesperrt wurden. Die Sache war für die in der Hauptstadt der Kolonialmacht beheimatete Organisation ein heißes Eisen. Erst im Spätsommer 1966 reiste der schwedische amnesty-Mann Selahaddin Rastgeldi nach Aden, um die Situation der Häftlinge zu erkunden. Sein Bericht, Ende 1966 erschienen, erhitzte die Gemüter in der britischen Kolonialmacht. Er beschrieb die Schwierigkeiten bei seinen Versuchen, britische Internierungslager zu besuchen. In den Kolonien endete offenbar die vielgepriesene britische Liberalität – auch für die angesehene Menschenrechtsorganisation. Entsprechend feindselig war die Reaktion der Londoner Regierung auf Rastgeldis Bericht. Sie stützte sich in ihrer Antwort auf ein Problem des Reports, das sie selbst verursachte: der schwedische Berichterstatter hatte kein einziges Lager von innen gesehen, seine Recherchen stützten sich ausschließlich auf Zeugenaussagen und Erklärungen von Ex-Häftlingen.

Peter Benenson reiste deshalb selbst nach Aden, um weitere Nachforschungen anzustellen. Er verfaßte einen zweiten Bericht, der Rastgeldis Ermittlungen auf der ganzen Linie bestätigte: „Unsere schwedische Sektion hatte recht." Ein dritter Bericht folgte, diesmal von der britischen Regierung veranlaßt. Sie schickte den Anwalt und ehemaligen stellvertretenden Parlamentssprecher Roderic Bowen nach Aden.

Der Bowen-Bericht und eine Begleiterklärung des Londoner Außenministeriums konnten als Erfolg für amnesty verbucht werden und wurden auch entsprechend in der Presse kommentiert. Alle Empfehlungen zur Verbesserung der Haftbedingungen wurden von der britischen Regierung übernommen. amnesty erklärte den Fall Aden in der Februar-Ausgabe des ai-Bulletins als abgeschlossen.

Im Hintergrund schwelte jedoch schon länger ein Personalkonflikt bei amnesty. Im südafrikanischen „Johannesburg Star" wurde bereits am 19. November 1966 ein Bericht veröffentlicht, der in London offenbar nicht sehr aufmerksam verfolgt wurde. Unter der Schlagzeile „amnesty verärgert über Plünderungen in London" wird Benensons Klage zitiert, Eindringlinge hätten im März 1966 in der Londoner Zentrale eine Akte über Aden und eine Mitgliederliste gestohlen. Delegierte würden von britischen Geheimdienstlern überwacht, Rastgeldi wäre Ermittlungsgegenstand.

Wenige Tage nach der Veröffentlichung des Abschlußberichts über Aden im amnesty-Bulletin, am 26. Februar 1967, ging Benenson auch in London an die Öffentlichkeit. In seiner Wohnung gab er mit einer Pressekonferenz Vorwürfe zum besten, die gründlich Schlagzeilen machen sollten. Er sagte, die britische Regierung habe durch Zensur Informationen über die Ermordung von 50 Arabern durch britische Soldaten zurückgehalten. Er beschwerte sich über die zunehmende Überwachung der ai-Zentrale seit der Regierungsübernahme durch die Labour Party, sogar die Telefone im Hauptquartier würden abgehört.

Benenson nannte auch Namen. Er hätte den Rücktritt von Sean MacBride als Vorsitzender des Internationalen Exekutivkomitees verlangt, weil sich dessen Engagement in der „Internationalen Juristenkommission" nicht mit der unabhängigen amnesty-Arbeit vertrage. Die Kommission sei nämlich von der amerikanischen CIA finanziert.

Dabei war nicht MacBride das Hauptangriffsziel des wütenden Peter Benenson, sondern der von ihm ins Amt gesetzte Robert Swann. In einem Brief an die amnesty-Forscher Claudius und Stepan erklärte der Gründervater sein Vorgehen später: „Swann selbst eröffnete mir eines Abends, daß er noch immer im Interesse der British Intelligence Erkundigungen anstelle." Dieses Geständnis habe sein Nachfolger im internationalen Sekretariat ihm bei einem Besuch auf seinem Bauernhof gemacht. Benenson, der selbst im Krieg beim Intelligence Service diente, glaubte seinen heutigen Schilderungen zufolge, Swann sei damals vom Geheimdienst verpflichtet gewesen und mit Bedacht in die Organisation eingeschleust worden. Er hätte seinen Nachfolger am liebsten gleich entlassen, erzählt Benenson, doch für diese personelle Entscheidung mußte er Sean MacBride einbeziehen – und der war eben befangen, weil CIA-finanziert.

Andere Mitarbeiter interpretierten Benensons Verdächtigungen als eine „plötzliche Wesensänderung", er sei „nahe daran gewesen, sein eigenes Kind zu erdrosseln".

Eine politische Schlammschlacht mit Enthüllungen und Verdächtigungen setzte in London ein. Auch Benenson selbst wurde durch Veröffentlichungen der britischen Presse nicht von Peinlichkeiten verschont.

Die damals neunzehnjährige Sekretärin Polly Toynbee brachte die Sache an die Öffentlichkeit. Sie betreute Sir Leary Constantine auf einer amnesty-Mission nach Nigeria und Rhodesien. Was sie erzählte, klang gar nicht heldenhaft: „In Nigeria übernachteten wir im Federal Colonial Hotel außerhalb von Lagos. Wir saßen herum und taten nichts außer trinken und die Presse unterhalten. Wir erhielten nur unbestimmte Versicherungen, daß es den Gefangenen gutgehe." Auch in Rhodesien wußte die Delegation nicht so recht, was sie dort sollte. Ein Jahr zuvor hatte die weiße Minderheit einseitig die Unabhängigkeit von Großbritannien erklärt und massenhaft schwarze Politiker verhaften lassen. Miss Toynbee: „Es war anscheinend ein endloser Geldvorrat vorhanden. Ich konnte zur Bank gehen und £ 200 abheben. Und es wurde nicht geprüft, was ich mit dem Geld tat."

Wenig später traf Benenson in der rhodesischen Hauptstadt Salisbury ein, um sich der Mission anzuschließen. Wie Polly der Londoner Presse erzählte, bestätigte Benenson ihr die Gerüchte, daß das Geld von der britischen Regierung stammte. Kernstück der Enthüllungen Pollys waren Briefe, die von Peter Benenson stammten, 1966 in London geschrieben und an den amnesty-Vertreter in Salisbury gerichtet, unterzeichnet mit Margret oder Peter. Zum Teil mit Maschine, zum Teil in Benensons Handschrift, waren alle Briefe codiert. Das Codewort „Harry" erregte besonderes Aufsehen – gemeint war damit offenbar die britische Regierung. Die Dokumente waren knapp, aber aufschlußreich:

„12. Januar. Die einzige bedeutsame Nachricht kommt von Harry. Er gibt uns das erbetene Geld.

20. Januar. Harrys Geschenk ist angekommen, es ist also alles in Ordnung. Cunningham müßte in etwa einer Woche mit einem Teil des Geschenkes bei Dir ankommen.

1. Februar. Nach meiner Rechnung hast Du £ 2000 bei Jack Grant und mehr als £ 1000 jeweils von Bernard und Michael – insgesamt £ 4000. Wenn Du es brauchst, kannst Du weitere £ 1000 am 15. Februar nach der noch zu erläuternden Methode bekommen.

2. Februar. Harry hat eine plötzliche Begeisterung für Rechtsstreit entwickelt. Was North Hull betrifft, so möchte Harry alle Rechtsmöglichkeiten ausschöpfen. Harrys finanzielle Probleme sind anscheinend gelöst, und er ist in großzügiger Stimmung."

Die „großzügige Stimmung" bezog sich offenbar auf die entscheidende Nachwahl in Hull, durch die sich die knappe Parlamentsmehrheit der Labour Party von drei auf vier Sitze erhöhte. Premierminister Harold Wilson selbst antwortete auf parlamentarische Anfragen zu dem Skandal. Die Regierung sei um Hilfe gebeten worden: „Wir hielten es für richtig, mögliche Spender vorzuschlagen, die zur Hilfe bereit sein könnten."

Benenson erklärte die Enthüllungen über die Geldlieferungen als Hilfen für die Gefangenen und deren Familien und betonte ausdrücklich, daß es keine amnesty-Geschenke waren. Er wäre von der Regierung zur Geheimhaltung angehalten worden.

Nun hatten fast alle Beteiligten ihre Unschuld verloren. Es wurde deutlich, daß die Organisation mit Sitz in London nicht im politik- und rechtsfreien Raum handelte, sondern abhängig von zahlreichen persönlichen und politischen Verbindungen war. Die frühe Krise war schmerzhaft, wenn auch eine wichtige Lehre für die Menschenrechtsorganisation.

Es kam zum Bruch zwischen MacBride und Benenson. Swann blieb, und Benenson trat enttäuscht als Präsident zurück. Der Ire bestritt, daß die Internationale Juristenkommission CIA-Gelder erhalten habe und gab auf einer folgenden Pressekonferenz bekannt, daß bis zu einer Entscheidung auf einer Tagung des Internationalen Exekutivkomitees im März 1967 Stillschweigen vereinbart worden sei.

Die Tagung zog einen Schlußstrich unter die Affäre. Peter Benenson mußte gehen, das Stillschweigen blieb. In einer Erklärung wurde der Fall als persönliches Problem des Gründervaters erläutert: „Die Organisation drehte sich um einen einzigen Mann, schaute auf ihn und war von ihm abhängig. Der demokratische Prozeß muß beginnen." Eine Flut von Dementis folgte auf Benensons Vorwürfe. Politiker der Labour Party, „seiner" Partei, wehrten sich. Verteidigungsminister Denis Healey nahm seine Soldaten gegen den Angriff in Schutz, sie hätten 50 Araber ermordet.

Doch einen Erfolg konnte der Verlierer verbuchen: Robert Swann kündigte ebenfalls – aus „gesundheitlichen Gründen."

Es hat amnesty offenbar gutgetan. Eric Baker, Vorsitzender der britischen Sektion, übernahm kommissarisch das neugeschaffene Amt des Generalsekretärs, bis sich die Wogen geglättet hatten. Im Juli 1968 übernahm dann der Brite Martin Ennals das Amt. Ennals, Jahrgang 1927, war nach Engagement im britischen Studentenverband UNESCO-Mitarbeiter in Paris und Kairo. Von 1959 bis 1966 war er Generalsekretär des „British National Council of Civil Liberties", jener Organisation, der

Benenson 1956 die Konkurrenz-Gründung der „Justice“ entgegensetzte, weil ihm die bestehende Vereinigung zu kommunistisch erschien.

Ennals galt als ein pragmatischer Generalsekretär, der nach der „traurigen Episode“ (MacBride) die Konsolidierung der Organisation vorantrieb: „Ich entschied damals, daß der beste Weg, um die Krise zu vergessen, der sei, die alte Akte nicht mehr zu öffnen und neu anzufangen. Ich hatte so mit der Sache niemals etwas zu tun, ja, ich war nicht einmal darüber informiert, was vorgefallen war. Ich weiß absolut nichts, ich habe keinerlei Informationen. Vergangenheit ist Vergangenheit. Ich bin ein Praktiker. Ich schaue nicht zurück.“

Martin Ennals blieb bis zum Juli 1968.

Übrigens: in Adens Nachfolgestaat, der Demokratischen Volksrepublik Jemen, wird immer noch gefoltert. amnesty international ist bis auf den heutigen Tag mit Menschenrechtsverletzungen im Südjemen beschäftigt, darunter den schlimmsten Folterpraktiken. Häftlinge wurden in Metallfässer voll heißen Teers gesteckt, mit Scheinhinrichtungen und Exekutionsdrohungen seelisch gequält, ausgepeitscht, mit Gewehrkolben, Holzstöcken und Elektrokabeln geschlagen, mit Elektroschocks bearbeitet. Einigen Gefangenen sollen gar die Augen ausgestochen worden sein. Nach einer Staatskrise im Januar 1986 kam es zu schweren Kämpfen, die, offiziellen Schätzungen zufolge, 4000 Todesopfer forderten. In den ersten Wochen nach den Kämpfen fanden Massenhinrichtungen statt. 142 Angeklagte, die den Rivalenkampf in der herrschenden Jemenitischen Sozialistischen Partei verloren hatten, wurden wegen Landesverrat vor den Obersten Gerichtshof der Republik gestellt. Den Angeklagten drohte die Todesstrafe. Tausende wurden nach den Kämpfen verhaftet und – ohne Verfahren – in Gefängnissen, Militärlagern und Schulen festgehalten.

amnesty bemühte sich mit einem Prozeßbeobachter um die Menschenrechtsverletzungen in dem arabischen Land, zahlreiche Bittbriefe wurden an die Botschafter des Landes oder die Regierung in Aden gerichtet. Die Appelle blieben unbeantwortet.

5. *Isolationshaft*

Die Menschenrechte im eigenen Land

„Die Sache wird uns noch immer nachgetragen", erzählt die deutsche amnesty-Generalsekretärin Brigitte Erler. „Die Sache" war ein besonders heikler Abschnitt der amnesty-Geschichte und handelte von Menschenrechtsverletzungen in Deutschland – westlicher Teil. „Ich werde noch heute von Taxifahrern bei meinen Reisen zu amnesty-Diskussionsveranstaltungen darauf angesprochen", erzählt die Generalsekretärin. „amnesty sei ja eine gute Sache. Aber die würden ja auch Terroristen unterstützen".

Es ging um die Zustände in den bundesdeutschen Gefängnissen, in denen Häftlinge der „Roten Armee Fraktion" (RAF) einsaßen. Angehörige der Inhaftierten, je nach politischer Couleur Baader-Meinhof-Gruppe oder -Bande genannt, erhoben erstmalig in den siebziger Jahren schwere Vorwürfe gegen die deutsche Justiz. Sie wendeten sich mit ihrem Protest 1974 auch an amnesty international und forderten die Aufhebung der „Isolationsfolter" an den RAF-Gefangenen.

amnesty international vermeidet den Begriff „Isolationsfolter" und achtet sehr genau auf die Worte, mit denen die Umstände der Inhaftierung von RAF-Mitgliedern beschrieben werden. Denn nach wie vor erregen sich die Gemüter, wenn es um die Rechte der inhaftierten Terroristen geht.

Ein Beispiel für die Brisanz, die das Thema bis heute behalten hat. Pressekonferenz im Bonner Restaurant am Tulpenfeld, wenige Meter vom Abgeordneten-Hochhaus und Pressehaus entfernt. amnesty legt den „Jahresbericht 1987" vor, fast 30 Journalisten sind gekommen. Ein konservativer Berichterstatter fragt raffiniert nach der „Isolationsfolter" an RAF-Gefangenen in der Bundesrepublik. Brigitte Erler reagiert vorsichtig. amnesty würde nie den Begriff „Isolationsfolter" verwenden, stets würde sie nur von „Isolationshaft" sprechen. Hinweisen von Gefangenen und deren Angehörigen müßte nachgegangen werden. Die Informationen würden an die Londoner Zentrale weitergereicht und dort geprüft. Mit allen Berichten über Menschenrechtsverletzungen, die von eigenen Regierungen begangen wurden, werde so verfahren. Es sei erklärtes Prinzip von amnesty international, daß keine nationale Sektion sich um Menschenrechtsverletzungen im eigenen Lande kümmert, dort selbständig Nachforschungen anstellt oder bei der eigenen Regierung interveniert.

Die isolierte Einzelhaft der Gefangenen, ohne Kontaktmöglichkeiten zu Mithäftlingen und mit stark eingeschränkten Kontaktrechten nach außen kann zu schweren seelischen Schädigungen führen. Einschlägige militärpsychologische Untersuchungen belegten dies. Die Angehörigen sprachen von einer „subtilen Form seelischer Folter".

Das Thema beschäftigte 1974 die Jahresversammlung, das nicht öffentlich tagende, höchste beschlußfassende Organ der deutschen Sektion. Die dort versammelten ai-Delegierten beschlossen, das Internationale Exekutivkomitee um die Entsendung einer ai-Mission zu bitten, die die Bedingungen in den Haftanstalten überprüfen sollte. Eine Kommission aus Mitgliedern der deutschen Sektion sammelte erstes Material als Entscheidungshilfe für das internationale Gremium. Doch das Exekutivkomitee verhielt sich sehr zurückhaltend.

Inzwischen brachte ein Hungerstreik der Gefangenen noch größere Brisanz in den Fall. Schließlich wurde am 30. Oktober 1974 die Geschäftsstelle der deutschen Sektion in Hamburg von etwa 20 jungen Leuten besetzt. Sie waren Mitglieder des „Komitees gegen Folter an politischen Gefangenen in der BRD" und forderten ein schnelles Handeln von amnesty. Die „Forderung der Hungerstreikenden nach Aufhebung der Sonderbehandlung, der Vernichtungshaft", solle sofort erfüllt werden: „Eher werden wir die deutsche Zentrale von amnesty international nicht verlassen."

Die Forderungen waren für die deutsche Sektion nicht erfüllbar und wären eine eindeutige Verletzung der international geltenden Prinzipien gewesen. Unter dem Druck des Hausherrn, der amnesty mit fristloser Kündigung drohte, ließ der Vorstand die Besetzer von der Polizei wegräumen. Walter Hirsch, damals Vorstandsmitglied, berichtete später über die heftige Kritik aus den Reihen der Mitglieder an diesem Entschluß: „vorsichtige, fragende, aber auch wütende". „Die Tatsache, daß wir die Polizei gerufen haben, bleibt ein Stachel im Fleisch".

Im November 1974 schrieb dann Martin Ennals aus London Briefe an die Justizminister der Bundesländer, die RAF-Gefangene inhaftiert hatten. Der Vorsitzende der britischen Sektion, Reverend Paul Oestreicher, unternahm daraufhin eine private Vermittlungsaktion zu den Hungerstreikenden. Er besuchte in seiner Funktion als Geistlicher unter anderem Andreas Baader und Ulrike Meinhof, sprach mit Angehörigen und Anwälten, besuchte den Bundesjustizminister, Richter, Staatsanwälte und Anstaltsleiter. In einer öffentlichen Erklärung, die dann vom Internationalen Exekutivkomitee im Dezember 1974 bestätigt wurde, distanzierte er sich von den Foltervorwürfen: „Nach Meinung von amnesty international ist zur Zeit die Behauptung von sogenannter Folter durch Isolationshaft nicht gerechtfertigt".

Im Mai 1975 schränkte die Bundesregierung die Rechte der Verteidiger von Terroristen per Gesetz drastisch ein. Nur wenige Tage vor Prozeßbeginn wurden alle Verteidiger Baaders von dem Verfahren ausgeschlossen.

1977 eskalierte der Konflikt zwischen RAF-Häftlingen und Justiz. Nach dem Mord an dem Vorstandsvorsitzenden der Dresdner Bank, Jürgen Ponto, am 30. Juli 1977 wurde den Gefangenen das ihnen in der Zwischenzeit eingeräumte Recht, in größeren Gruppen zusammenzukommen, wieder verwehrt. Die Häftlinge reagierten wieder mit Durst- und Hungerstreik. Am 12. August erkundigte sich Martin Ennals mit Briefen aus London nach der Verlegung der Häftlinge in Einzelzellen. Die Lage spitzte sich zu, amnesty erklärte seine Sorge um das Leben von 30 Hungerstreikenden. Später wurden die amnesty-Mitglieder aufgefordert, Appelle an die deutschen Behörden zu schicken.

Am 5. September 1977 wurde Arbeitgeberpräsident Hanns Martin Schleyer entführt, sein Fahrer und drei Sicherheitsbeamte erschossen. Eine beispiellose politische Hysterie ergriff die Bundesrepublik. Im Bonner „Krisenstab“, einem neugeschaffenen Organ ohne gesetzliche oder gar verfassungsrechtliche Legitimation, diskutierten führende Politiker aller Bundestagsparteien über Sondergesetze und Hinrichtungen. Am 13. Oktober 1977 folgte die Entführung der Lufthansa-Maschine nach Somalia. Eine mit Wissen der Somalischen Regierung eingeflogene Elite-Truppe der „GSG-9“ stürmte in einer Blitzaktion am 18. Oktober die Linienmaschine mit 68 Passagieren. Stunden später wurden Andreas Baader und Jan-Carl Raspe in ihren Zellen erschossen aufgefunden. Gudrun Ensslin war aufgehängt, Irmgard Möller überlebte als einzige, mit Messerstichen durch den Pullover. Zweifel an der offiziell geäußerten Selbstmord-These kamen auf. Angehörige sprachen von staatlichem Mord. Baader soll sich mit der Pistole in den Hinterkopf geschossen haben, Irmgard Möller leugnete den Selbstmord-Versuch. Die Arbeit der Ermittlungsbehörden nährte die Zweifel. Spuren wurden nicht korrekt gesichert oder falsch festgehalten, die ermittelnde Polizei arbeitete schlampig.

War es Selbstmord oder Mord, oder trieb die quälende Einzelhaft die Gefangenen in den Selbstmord? Die Fragen wurden nie endgültig geklärt.

amnesty international wurde zur Autopsie der Leichen eingeladen, entschloß sich aber, wegen der zu kurzen Frist nicht zu kommen. Trotzdem behaupteten die deutschen Behörden, amnesty-Vertreter seien anwesend gewesen.

Die Menschenrechtsorganisation veröffentlichte eineinhalb Jahre später einen ausführlichen Bericht über die Isolierung von Gefangenen in der Bundesrepublik: „Memorandum zu den Haftbedingungen in der Bundesrepublik für Personen, die politisch motivierter Verbrechen verdächtigt werden oder wegen solcher Verbrechen verurteilt sind“ (siehe Dokument).

Unter Berufung auf Ergebnisse der medizinischen Forschung und Erklärungen der europäischen Menschenrechtskommission und des Europarates ging das Papier durchaus sehr kritisch mit der Lage in den deutschen Gefängnissen um.

Jonathan Power, der britische amnesty-Biograph, der der Organisation „keine sehr glückliche Hand bei ihrem Einsatz für die Baader-Meinhof-Häftlinge“ attestierte, sah dennoch eine Notwendigkeit in der Betreuung des bundesdeutschen Falles: „Trotzdem erscheint es im nachhinein, daß amnesty zu Recht auf einer korrekten Behandlung der Gefangenen bestand.“

Das Thema ist immer noch nicht vom Tisch. Im Jahresbericht 1987 schreibt die Londoner Zentrale über Menschenrechtsverletzungen in der Bundesrepublik: „Im Berichtszeitraum wandte sich amnesty international auch in der Frage der Isolationshaft politisch motivierter Gefangener an die Behörden. Die Besorgnis der Organisation galt insbesondere zwei Aspekten: zum einen der Tatsache, daß Gefangenen, die terroristischer Verbrechen verdächtigt werden, zunächst aufgrund von Sondervorschriften der Kontakt zu Mitgefangenen untersagt wird, zum anderen der mangelnden medizinischen Versorgung politisch motivierter Gefangener während der Isolationshaft“.

Die RAF-Gefangenen lehnten es ab, von den amtlichen Gefängnisärzten behandelt zu werden und forderten eine Untersuchung durch die Ärzte ihres persönlichen Vertrauens. Doch die Behörden verweigerten den Besuch durch Ärzte, die von den Häftlingen selbst benannt wurden. Im ai-Jahresbericht wird auch dieses Vorgehen kritisiert: „amnesty international ist der Ansicht, daß Gefangene das Recht haben sollten, Ärzte außerhalb des Strafvollzugswesens zu konsultieren. In einem Brief an die zuständigen Behörden vom Februar legte die Organisation ihre Anliegen im einzelnen dar“.

Dokument: Memorandum zu den Haftbedingungen in der Bundesrepublik

amnesty international
Memorandum zu den Haftbedingungen in der Bundesrepublik Deutschland für Personen, die politisch motivierter Verbrechen verdächtigt werden oder wegen solcher Verbrechen verurteilt sind (Auszüge)*

* Der vollständige Text kann über die bundesdeutsche Sektion von ai bezogen werden.

Einführung

Das folgende Memorandum beruht auf einer Untersuchung der Haftbedingungen in der Bundesrepublik Deutschland für Personen, die wegen politisch motivierter Verbrechen inhaftiert sind.
Die Untersuchung konzentrierte sich auf die Haftbedingungen für Mitglieder der „Roten Armee Fraktion", der „Bewegung 2. Juni" und in gewissem Maße der „Revolutionären Zellen". Das Memorandum beschreibt kurz die Haftbedingungen, beurteilt die Auswirkungen der Isolation und verweist auf anerkannte Haftnormen ...

1. Haftbedingungen

1.1. Isolationshaft
Der Ausdruck „Isolationshaft" in diesem Memorandum umfaßt jene Formen der Haft, die einen Häftling total von der Häftlingsgemeinschaft absondern. Das bedeutet oft, daß der Häftling visuell und akustisch von allen anderen Häftlingen isoliert ist und auch keinen persönlichen Kontakt mit ihnen hat.
Die Haftbedingungen der Untersuchungshaft für mutmaßliche Mitglieder der oben erwähnten Organisationen sind gewöhnlich härter als für normale Untersuchungsgefangene. Obwohl Einzelzellenhaft für Untersuchungsgefangene üblich ist, schließt das normalerweise sozialen Kontakt mit Mitgefangenen nicht aus, z.B. während dem Hofgang, dem Duschen, dem Gottesdienst, Filmvorführungen usw. Häftlinge, die der Beteiligung an politisch motivierten Verbrechen verdächtigt werden, werden jedoch in vollständiger Isolationshaft gehalten für mindestens einen Teil der Untersuchungshaft, die im Falle dieser Häftlinge immer sehr lang ist – selten kürzer als zwei Jahre, manchmal bis zu fünf Jahren. Solche Häftlinge verbringen die ersten Monate ihrer Untersuchungshaft immer in Isolation. Diese Isolation hat in vielen Fällen länger als ein Jahr und manchmal bis zu drei Jahren gedauert.
Die Haftbedingungen für Häftlinge in Untersuchungshaft werden entsprechend den Anordnungen des zuständigen Untersuchungsrichters festgelegt. Ein Haftbedingungen-Komitee innerhalb des Bundeskriminalamts soll im Auftrag der Staatsanwaltschaft beteiligt sein an der Ausarbeitung von Vorschlägen für die Haftbedingungen der Häftlinge, die politisch motivierter Verbrechen verdächtigt werden, die üblicherweise die Grundlage für solche Anordnungen darstellen. Diese richterlichen Anordnungen sind in sämtlichen Bundesländern mehr oder weniger vereinheitlicht worden.
Folgende Bedingungen (aus einer neuerlichen Anordnung) können als typisch gelten:

Dem Verdächtigen ist Kontakt mit jedem anderen Häftling untersagt. Das Zellenfenster muß mit einem besonderen Sicherheitsmaschendraht oder einer Sichtblende abgedeckt sein, um „unkontrollierten Kontakt" zu verhindern. Zusätzliche Beleuchtung wie Lampen ist nicht erlaubt. Teilnahme an Gemeinschaftsveranstaltungen (einschließlich Gottesdienst) sowie jeglicher Kontakt mit Mitgefangenen wird ausgeschlossen. Mahlzeiten sind von zwei Vollzugsbeamten in die Zellen zu bringen und nicht (wie im Regelvollzug) von Mithäftlingen. Ständige „unauffällige" Beobachtung ist durchzuführen.

Oft gelten ähnliche Bedingungen für rechtskräftig verurteilte Häftlinge. Unter dem Kontaktsperregesetz kann während einer Periode der Gefahr für Leib und Leben absolute Isolation, nicht nur von Mithäftlingen, sondern auch von der Außenwelt, verhängt werden. Bis jetzt ist dieses Gesetz einmal angewandt worden.

1.2. „Tote Trakte"

In der Vergangenheit wurde eine Reihe von Häftlingen in Isolationshaft in sogenannten „Toten Trakten" untergebracht, in denen Sinnesanreize stark reduziert waren. Zu den Kennzeichen dieser Trakte gehörten ständige Beleuchtung, fast völlige Stille, Zellen mit weiß gestrichenen Wänden, an die nichts gehängt werden durfte, weiß gestrichene Möbel und fast ständige Beobachtung. Die vor kurzem errichteten Hochsicherheitsbereiche sollen ähnliche Merkmale aufweisen wie diese „Toten Trakte".

1.3. Kleingruppen-Isolation (Umschluß)

Nach der Isolationshaft werden Häftlinge oft in Haftbedingungen der Kleingruppen-Isolation verlegt. Unter diesen Bedingungen ist ein Häftling allein in einer Zelle untergebracht, darf aber täglich eine bestimmte Zeit mit einem oder mehreren Mithäftlingen verbringen, die wegen politisch motivierter Verbrechen inhaftiert sind. Diese Gruppen sind gewöhnlich klein. (Eine Gruppe von acht Häftlingen, die im Gefängnis Stuttgart-Stammheim von April bis August 1977 „Umschluß" hatte, war außergewöhnlich groß.) Zur Zeit liegt die Größe solcher Gruppen bei zwei bis fünf Personen. In Zweibrücken haben zwei Häftlinge seit vier Jahren nur Kontakt miteinander, jedoch nicht mit anderen Häftlingen, nachdem jeder von ihnen drei Jahre in Isolationshaft verbracht hatte.

1.4. Eingliederung in den Regelvollzug

Eine Reihe von Häftlingen, die wegen politisch motivierter Verbrechen inhaftiert sind, ist in den Regelvollzug eingegliedert worden in dem Sinne, daß kein wirklicher Unterschied zwischen ihrer Behandlung und der der anderen Gefangenen gemacht wird.

1.5. Willkürlichkeit

Die für jeden einzelnen Häftling festgelegten Haftbedingungen scheinen keinen direkten Bezug zu der individuellen Beurteilung des Häftlings zu haben. Maximale Sicherheitsvorkehrungen, einschließlich Isolationshaft, wenigstens zu Beginn der Untersuchungshaft, werden allen Häftlingen auferlegt, die wegen politisch motivierter Verbrechen inhaftiert sind, ohne

Rücksicht darauf, welcher Art ihre Beteiligung an solchen Verbrechen ist. Im Falle von Gefangenen, deren Anklage auf gewaltlose Verbrechen lautete, wurden ebenfalls extreme Sicherheitsmaßnahmen angeordnet.
Häftlinge, die bereits erfolgreich in den Regelvollzug eingegliedert waren, wurden aus diesem wieder herausgenommen, um eine Gruppe für Kleingruppen-Isolation zu bilden.
Das Kontaktsperregesetz, das während der Schleyer-Entführung in Kraft trat, verhängte absolute Isolation über alle Häftlinge, die wegen politisch motivierter Verbrechen inhaftiert waren, ohne Rücksicht auf irgendeine persönliche Beurteilung. Es wurden also in einer großen Anzahl von Fällen Haftbedingungen auferlegt, die in keinerlei Beziehung zum Verhalten des Häftlings standen. Sachverständige auf dem Gebiet des Strafvollzugs betonen, daß eine solche individuelle Beurteilung unabdingbar ist.

1.6. Kontakte mit der Außenwelt

Gefangene in Untersuchungshaft dürfen „in der Regel" mindestens alle zwei Wochen einmal Besuch haben (§ 25 UVollzO). Gewöhnlich dauert die Besuchszeit 15 Minuten (§ 24 UVollzO). In Sonderfällen können mehr Besuche erlaubt werden. Besuche von Rechtsanwälten, die rechtliche Angelegenheiten betreffen, sind zusätzlich und können im Falle von politisch motivierten Gefangenen sehr häufig sein.
Rechtskräftig verurteilte Häftlinge haben das Recht auf mindestens eine Stunde Besuchszeit im Monat (§ 24 StVollzO), die auf mehrere kürzere Besuche verteilt werden kann.
Antragstellern kann die Besuchserlaubnis aus verschiedenen Gründen verweigert werden, vor allem aus Gründen der Sicherheit und Ordnung in der Anstalt. Im Falle der politisch motivierten Häftlinge werden meist alle Personen mit radikalen Ansichten ausgeschlossen. Da dies fast alle Freunde des Häftlings einschließt, verbleiben ihm im großen und ganzen nur Besuche von nahen Verwandten. Während den Häftlingen in Untersuchungshaft häufige Besuche von Rechtsanwälten erlaubt sind, hören diese im allgemeinen nach der rechtskräftigen Verurteilung auf. Obowohl (zensierte) Korrespondenz erlaubt ist, heißt das, daß viele der politisch motivierten Häftlinge kaum irgendeinen direkten Kontakt zur Außenwelt haben.
Trotz begrenztem persönlichem Kontakt zur Außenwelt haben die Häftlinge relativ umfangreichen Zugang zu Zeitungen, Zeitschriften, Büchern und Rundfunk. Oftmals werden ihnen Fernsehgeräte gestattet.
Eine relativ neue Entwicklung ist die Einführung der Trennscheibe – einer Glaswand, die Besucher von (politisch motivierten) Häftlingen trennt. Obwohl das Gesetz, das die Trennscheibe einführt, sich nur auf ihre Anwendung im Fall von Anwaltsbesuchen bezieht, ist die Trennscheibe häufig bei Besuchen anderer Personen verwendet worden. In einer ganzen Reihe von Entscheidungen wurde dies als ungesetzlich im Falle von Verwandtenbesuchen beurteilt und in diesen Fällen die Verwendung der Trennscheibe allgemein eingestellt.

2. *Auswirkungen der Isolation*

2.1. Allgemein

Die Gefahren der Isolation für körperliche und geistige Gesundheit der Häftlinge werden allgemein anerkannt. Die Europäische Menschenrechtskommission erklärte:

> „Die internationale Literatur zur Kriminologie und Psychologie ergibt, daß Isolation allein schon ausreichend sein kann, um die körperliche und geistige Gesundheit schwer zu beeinträchtigen. Folgende Befunde können diagnostisch festgestellt werden: Chronische Apathie, Erschöpfung, emotionale Labilität, Konzentrationsschwierigkeiten, Störungen des vegetativen Nervensystems."
> (Entscheidung der Kommission zu den Anträgen Nr. 7572/76, 7586/76 und 7587/76 von Gudrun ENSSLIN, Andreas BAADER und Jan RASPE)

Alle diese Symptome betreffen die Fähigkeit eines Individuums, auf seine Umwelt zu reagieren: strenge Isolation reduziert diese Fähigkeiten und erhöht die Labilität eines Individuums.

Selbst unter normalen Haftbedingungen ist mit solchen negativen Auswirkungen der Isolation zu rechnen. In einer Veröffentlichung des Europarats zur Behandlung von Langzeit-Häftlingen *(Treatment of Long-Term Prisoners),* auf die sich die Europäische Menschenrechtskommission in der oben erwähnten Entscheidung bezog, beschreibt Dr. W. Sluga ein Syndrom, das bei Langzeit-Häftlingen auftritt. Die Merkmale dieses Syndroms werden in der Veröffentlichung des Europarats wie folgt zusammengefaßt:

> „... emotionale Störungen, Störungen im Auffassungs- und Denkvermögen, infantile regressive Veränderungen der Lebensweise sowie Schwierigkeiten, soziale Kontakte aufzunehmen."

Die Auswirkungen bestehen aus:

> „einer deutlichen Minderung der Leistungsfähigkeit, einem Nachlassen der Konzentrationsfähigkeit, Klischeebildung und Monotonie in den Reaktionsmechanismen sowie einem beträchtlichen Realitätsverlust. Je länger die Haft andauert, desto mehr treten neurotische Abwehrmechanismen in den Hintergrund, während Persönlichkeitsmerkmale häufiger werden, die an psychotische Deformation grenzen.
> Nach Dr. Sluga kann durch klinische Diganose als erwiesen gelten, daß chronischer Freiheitsentzug zu Veränderungen in der Persönlichkeit führt, die einer Minderung der persönlichen Anlagen gleichkommen."

Das Syndrom stellt eine regressive Persönlichkeitsreaktion dar und wird als ein Separationssyndrom „um so ausgeprägter (sein), je größer die Isolation der Häftlinge ist".

Deutliche Symptome schwerer Isolation, die bei Häftlingen in Isolationshaft und Kleingruppen-Isolation in der Bundesrepublik Deutschland gefunden wurden, entsprechen diesem Muster. Sie sind in zahlreichen Befunden einer ganzen Reihe von medizinischen Sachverständigen dokumentiert, die pathologische Störungen in folgenden Bereichen ergeben:

(i) psychosomatische Störungen, insbesondere Störungen des vegetativen Nervensystems (des Systems, das die Reaktionen des Körpers auf Umweltbedingungen reguliert) wie z. B.:
- sehr niedriger Blutdruck und Kreislaufstörungen, die zu Schwindelanfällen und Kopfschmerzen führen;
- schwere Störungen der Verdauungswege (Magen und Darm);
- Schlafstörungen;

(ii) Störungen in bezug auf intellektuelle Fähigkeiten, z. B.
- schwere Konzentrationsprobleme;
- Artikulationsschwierigkeiten;
- in extremen Fällen Halluzinationssymptome;

(iii) Störungen im emotionalen Bereich, die im allgemeinen zu einer depressiven Reaktion mit letztlich Suizidneigung führen.

Diese Symptome stellen eine ausgeprägte Form des „funktionalen Psychosyndroms" dar.

2.2. Sensorische Deprivation

Experimente, in deren Verlauf Versuchspersonen klare Sinnesanreize entzogen wurden, haben gezeigt, daß der menschliche Organismus und mit ihm die menschliche Psyche sich ohne ein gewisses Maß an ständiger Stimulierung der Realität nicht anpassen kann. In solchen experimentellen Situationen können die Betroffenen nicht mehr angemessen auf ihre Umwelt reagieren, was sehr schnell zu Symptomen führt, die sonst nur in Fällen von Geisteskrankheit auftreten. Konzentrationsstörungen, die Unfähigkeit, klar zu denken, schwere Unruhe, emotionale Unausgeglichenheit, Reizbarkeit und halluzinatorische Erscheinungen treten auf, während Gewichtsabnahme und Veränderungen der Körperfunktionen anzeigen, daß das vegetative Nervensystem angegriffen ist.

Extreme Formen der Isolation, besonders in Situationen, wo Sinnesanreize stark reduziert sind, können zu Symptomen führen, die zu den oben für experimentelle Situationen beschriebenen tendieren.

Die Europäische Menschenrechtskommission stellte fest:

> „Vollständige sensorische Isolation in Verbindung mit vollständiger sozialer Isolation kann ohne Zweifel letztendlich die Persönlichkeit zerstören; sie stellt somit eine Form unmenschlicher Behandlung dar, die durch Sicherheitserfordernisse nicht gerechtfertigt werden kann, da das Verbot von Folter und unmenschlicher Behandlung in Artikel 3 der Konvention absolut ist (vgl. den Bericht der Kommission zum Antrag Nr. 5310/71, *Ireland v. the United Kingdom;* Stellungnahme S. 379)."

2.3. Einschätzung

Wie der einzelne Häftling mit der Isolation fertig wird, hängt sowohl von der Persönlichkeit des Häftlings wie von der Härte der Haftbedingungen ab, insbesondere vom Grad der Kommunikation, die dem Gefangenen verbleibt, von den Entwicklungsmöglichkeiten und dem Recht, selbst zu entscheiden in Angelegenheiten, die ihm überlassen bleiben, sowie von der Dauer der Haft und dem Alter des Häftlings (*Treatment of Long-Term Prisoners*, S. 11). Der Bericht des Europarats kommt zu dem Schluß, daß bei der Analyse der Isolationsauswirkungen auf individuelle Häftlinge „den Bedingungen der Haft besondere Aufmerksamkeit geschenkt werden sollte".

Dr. Sluga fügt hinzu:

> „vor allem hat die Gleichförmigkeit der optischen Gefängniswelt einen beträchtlichen Einfluß auf die Veränderung der Persönlichkeit".

Pathologische Störungen, die bei vielen Häftlingen in Isolationshaft oder Kleingruppen-Isolation zu beobachten sind, zeigen, daß diese Häftlinge in äußerst ausgeprägter Form an dem Separationssyndrom leiden, das bei Langzeit-Häftlingen zu finden ist. In einigen Fällen sind die Störungen im intellektuellen und emotionalen Bereich sowie des vegetativen Nervensystems so ausgeprägt, daß sie an die Auswirkungen erinnern, die durch sensorische Deprivation in experimentellen Situationen hervorgerufen werden.

3. Haftnormen

3.1. Resozialisierung

Es ist eine anerkannte internationale Norm, daß – zumindest für rechtskräftig verurteilte Häftlinge – „der Strafvollzug eine Behandlung der Gefangenen einschließt, die vornehmlich auf ihre Besserung und gesellschaftliche Wiedereingliederung hinzielt" (Artikel 10.3 des „Internationalen Paktes über bürgerliche und politische Rechte", 1966).

Nach der internen Gesetzgebung der Bundesrepublik Deutschland ist die Resozialisierung das alleinige Ziel des Strafvollzugs (§ 2 StVollzG). Die Isolierung des Gefangenen von der Gesellschaft ist kein unabhängiges Ziel des Strafvollzugs (BT-Dr. 7/3998, 5f, BT-Dr. 7/918, 44f). Dieses Prinzip ist in der Verfassung begründet (vgl. Calliess/Müller-Dietz, „Kommentar zum Strafvollzugsgesetz").

Es wird jedoch allgemein anerkannt, daß die Auswirkungen der Isolation der Besserung und Resozialisierung entgegenwirken. Sluga weist darauf hin, daß die von ihm als „funktionales Psychosyndrom" beschriebenen Persönlichkeitsveränderungen zu einer „Verhärtung der Persönlichkeit" führen, die die Möglichkeit der Resozialisierung verringert. Zu dem gleichen Schluß kommt eine kanadische Untersuchung über „Psychiatrische Folgeerscheinungen der sensorischen Deprivation in einem Hochsicherheits-Gefängnis" (*Psychiatric Implications of Sensory Deprivation in a Maximum Security Prison* – 14 Can Psychiatric Ass'n J 330 [1969]).

Die Untersuchung des Europarats betont ebenfalls, daß etwas getan werden muß, um die Isolationsauswirkungen auszugleichen, und empfiehlt, Umstände innerhalb der Haftanstalt zu schaffen, die denen ähnlich sind, die im Leben draußen herrschen. In der Bundesrepublik Deutschland ist es eine gesetzliche Forderung, daß die Haftbedingungen Resozialisierung zumindest vorsehen:

> „Mit der Vollzugsbestimmung als Sollvorschrift dagegen ist ausgedrückt, daß diese strukturellen Bedingungen der Institution des Strafvollzuges auf die Hilfe der Integration in die Gesellschaft ausgerichtet sein müssen."
>
> (Calliess/Müller-Dietz, a.a.O.)

Dies gilt für *alle* Häftlinge, unabhängig von ihren Aussichten auf Resozialisierung. In diesem Zusammenhang ist es sinnvoll hinzuweisen auf:

> „... das häufige Fehlen von Reue bei Kriminellen; das vorherrschende Merkmal ist oft Unmut über die Ungerechtigkeit einer langen Haftstrafe. Dies ist Realität und kann deshalb nicht Gegenstand psycho-therapeutischer Behandlung sein."
>
> (Dr. W. Sluga)

Wenn also der politische Standpunkt der Häftlinge ungewöhnlich ist, so ist es ihre *Einstellung* gegenüber der Haft keineswegs.

3.2. Sicherheit
Der Bericht des Europarats stellt fest:

> „... in Institutionen, die einen höheren Sicherheitsstandard erfordern, erlaubt dieser relativ hohe Standard nach außen im allgemeinen einen liberaleren Vollzug innerhalb der Institution".

Diskussionen mit Sachverständigen bringen *amnesty international* zu der Schlußfolgerung, daß es möglich ist, Sicherheit mit menschlicher Behandlung in Einklang zu bringen, und daß die derzeitige extreme soziale Isolation der Häftlinge unter strengen Sicherheitsbedingungen deshalb ungerechtfertigt ist.

London, Februar 1979

6. *Image*

Das Ansehen der Organisation

amnesty international ist heute eine sehr bekannte Organisation. Ein Meinungsforschungsinstitut, das alljährlich 136 bekannte Marken, Unternehmen, Personen und Institutionen nach deren Faszinationsgrad untersucht, nennt amnesty auf Platz 5 der Hitliste. Tausend repräsentativ befragte Personen

Chile nach dem Putsch der Militärs 1973: Im Fußballstadion von Santiago wurden Tausende ohne Anklage festgehalten.

nannten die Menschenrechtsorganisation hinter Greenpeace, den Olympischen Spielen und dem SOS Kinderdorf.

Nicht unwesentlich für die Entwicklung dieses positiven Bildes in der Öffentlichkeit war die Ehrung durch das norwegische Nobelkomitee. amnesty international erhielt den Friedensnobelpreis, drei Jahre nach ihrem engagierten Mitbegründer Sean MacBride, 1977. In der Begründung hieß es: „Diese Organisation setzt alle ihre Kräfte ein, um die Werte des menschlichen Lebens zu schützen. amnesty international hat all jenen Menschen praktische, humanitäre und unparteiische Hilfe gebracht, die aus rassischen, religiösen und politischen Gründen in Gefangenschaft sitzen."

In der für amnesty typischen Bescheidenheit nahm die Ehrung nicht der damalige Generalsekretär Martin Ennals entgegen, sondern eine Delegation, zu der auch der spätere Generalsekretär Thomas Hammarberg gehörte. Ennals saß während der Preisverleihung auf einer parallel terminierten Konferenz über den Kampf gegen die Todesstrafe.

Ende der sechziger Jahre kamen zahlreiche neue Mitglieder zu amnesty und bauten neue Gruppen auf. Sie waren teilweise inspiriert durch die Studentenbewegung oder suchten nach einer Betätigung durch die Eindrücke des grausamen, nicht enden wollenden Vietnam-Krieges.

Der Putsch in Chile am 11. September 1983, ein weiterer trauriger Höhepunkt, bewegte ebenso Menschen zum Handeln in der Menschenrechtsbewegung. Die rechtmäßige Regierung Salvador Allendes wurde von dem noch heute regierenden Heeresgeneral Pinochet mit kräftiger amerikanischer Hilfe aus dem Amt getrieben und ermordet. Tausende wurden nach dem Putsch in einem Fußballstadion inhaftiert, Tausende wurden ermordet. Der Fall Chile wurde zum großen Thema politischer Auseinandersetzung. Konservative unterstützten die Militärdiktatur als ein Regime, das das Land angeblich vor noch Schlimmerem – dem Kommunismus – bewahrt habe. Entsprechend positiv fielen die Würdigungen und Kommentare von christdemokratischen Politikern nach Chile-Besuchen aus: „Chile ist demokratisch und frei“ (Franz-Josef Strauß, 1977). „Das Leben im Stadion ist bei sonnigem Frühlingswetter recht angenehm“ (Bruno Heck, 1973). Bundesinnenminister Friedrich Zimmermann gar erklärte 1977, die Militärregierung sei „notwendig geworden, um ein ehedem nicht gerade unglückliches Land einem von Sozialisten verursachten Chaos unvorstellbaren Ausmaßes zu entreißen“.

Mit dem Namen Pinochet sind seitdem Folter, Unterdrükkung und Menschenrechtsverletzungen aller Art verbunden. Bis heute blieb Chile ein Land, das stets viele Seiten Platz in dem dicken Jahresbericht von amnesty international einnimmt. Zuletzt war es die Kampagne für die Begnadigung und Asylaufnahme von fünfzehn von der Todesstrafe bedrohten Freiheitskämpfern, die wieder Aufsehen erregte. Allein die Bilanz der Zeit zwischen März 1981 und Dezember 1987, von der Militärjunta beschönigend als „Demokratisierungsphase“ bezeichnet, ist grauenhaft: 384 Morde und 3188 versuchte Morde, 1462 Folterfälle (ohne Dunkelziffer), 1052 Verbannungen, 2869 Morddrohungen und 4717 Mißhandlungen Verhafteter.

Die Kerze im Stacheldraht ist das offizielle Symbol vieler amnesty-Sektionen seit der Gründung durch Peter Benenson.

Pinochet trieb viele Bürgerinnen und Bürger in seinen europäischen „Freundstaaten“ und in den USA in die Arme von amnesty international.

Menschenrechte wurden in den vergangenen zwei Jahrzehnten immer mehr zur Meßlatte der Beurteilung von Staaten und Regierungen. „Menschenrechtspolitik“ ist ein wichtiger Teil der politischen Auseinandersetzung geworden. Zumindest auf dem Papier, mit Resolutionen und Erklärungen, in öffentlichen Äußerungen und Dementis, wollen viele Regierungen „sauber“ dastehen – auch wenn die Rechte der Bürger uneingeschränkt und fortgesetzt verletzt werden.

Dies ist nicht allein ein Verdienst von amnesty. Auch Kirchen, Dritte-Welt-Solidaritätsgruppen, die Anti-Apartheit-Bewegung, Gewerkschaften und viele andere nationale und regionale Menschenrechtsorganisationen, nicht zuletzt die UNO haben dazu beigetragen. amnesty hat jedoch in der Menschenrechtsfrage unter allen ein hohes Ansehen bei Institutionen, Medien und Politikern der westlichen Welt entwickelt. Die Informationen der Organisation gelten als „seriös“, ihr Auftreten in den betroffenen Ländern ist „diplomatisch“, die öffentlichen Äußerungen und Kampagnen sind „vorsichtig“, die politische Haltung ist „unparteiisch“ und der Charakter der Organisation und ihrer Mitglieder ist „Bescheidenheit“.

Mit diesen Wesenszügen hat die Organisation jedoch in vielen Ländern der Dritten Welt weniger Erfolg. Die Prägung nach den Modellen westlicher Demokratien und das vorsichtige, neutrale Auftreten im Stil der von den Kolonialisten bekannten Diplomatie stößt dort oft auf Widerstand, wird manchmal sogar als anmaßend empfunden.

Die amnesty-Vordenker und -Mitarbeiter wissen um dieses Problem. Sie sind seit Ende der siebziger Jahre bemüht, in den Ländern der Dritten Welt für amnesty zu werben und dort das Verständnis für die Arbeit der Organisation zu stärken. Andere Methoden der Mitarbeit müssen dort entwickelt werden, um eine amnesty-Arbeit zu etablieren. Denn mit der Papierflut der Londoner Kampagnen-Maschinerie ist in Ländern mit über fünfzigprozentigem Analphabetismus nicht viel zu bewegen.

Deswegen wurde das Nobelpreis-Geld für den Ausbau der Organisation in der Dritten Welt ausgegeben. Ende der siebziger Jahre entstand daraus ein Entwicklungsprogramm für den Aufbau von amnesty-Strukturen in der Dritten Welt. Wenn man bedenkt, daß die Organisation im ersten Jahrzehnt ihres Bestehens im französischsprachigen Afrika „keinen Fuß auf den Boden“ bekam, von den Regierungen als Gesprächspartner schlicht ignoriert wurde, ist der Erfolg mittlerweile beträchtlich.

Im November 1986 trafen sich in der Côte d’Ivoire (Elfenbeinküste) zum achten Mal neugegründete Gruppen und Sektionen aus acht afrikanischen Ländern. Sektionen entstanden in Ghana, Nigeria, Senegal und Côte d’Ivoire. Gruppengründungen gab es in Guinea, Sambia und dem Sudan, Sektionsgründungen wurden für Sierra Leone, Tunesien, Tansania und Mauritius geplant.

In Asien betreuen mittlerweile 260 Gruppen gewaltlose politische Gefangene. amnesty-Publikationen erscheinen dort in einer großen Sprachpalette: Bengali, Chinesisch, Hindi, Japanisch, Koreanisch, Singhalesisch, Thai und Tamil.

Siebzehn Länder aus Lateinamerika und der Karibik beherbergen mittlerweile amnesty-Gruppen und -Sektionen.

Sie alle sind eine große Zukunftshoffnung der Organisation – und für politische Gefangene, Verfolgte, „Verschwundene" und Flüchtlinge in diesen Ländern. Der Brief einer ehemaligen Inhaftierten, die von einer amnesty-Schülergruppe am Dortmunder Helmholtz-Gymnasium betreut wurde, macht deutlich, wie wichtig die Hilfe sein kann: „Sagen Sie der Welt, daß es mein ‚Verbrechen' war, die Gerechtigkeit zu lieben, in einer landwirtschaftlichen Genossenschaft zu helfen sowie auf Konferenzen und Versammlungen mit Worten den Hunger, die Arbeitslosigkeit, die Prostitution, das Elend und das Analphabetentum von 60 Prozent unseres Volkes zu bekämpfen ... Mein ‚Verbrechen' war es, die Agrarreform für zehn Millionen Landarbeiter ohne Land zu verteidigen ... Da ich von der Existenz der Bewegung für Freiheit der Gedanken, der Meinung und der Religion (sie meinte amnesty – L. M.) weiß, fühle ich mich unter aller Tortur nicht verlassen. Die Opfer vieler, die uns vorausgingen, erfüllen uns mit Mut und reinigen unsere Liebe für die Sache der Erniedrigten ... Die internationale Bewegung kann in ihre Annalen schreiben, daß sie uns vor dem Exil rettete. Unser Land braucht unsere Arbeit, unser Opfer und sogar unser Leben. Alles wird vorbeigehen. Ich bin stark durch den Schutz, den man mir gab. Jetzt bin ich nicht mehr allein."

Der Brief ist zwanzig Jahre alt und wurde unter der „Tortur" der damaligen griechischen Militärdiktatur verfaßt, die viele Oppositionelle in die Gefängnisse der Obristen brachte. Diese Zeit ging vorbei, die ehedem Gefangenen sind heute zum Teil Mitglieder einer demokratischen Regierung.

Der Brief könnte auch heute so oder ähnlich verfaßt worden sein, in Guatemala, auf den Philippinen, in Kolumbien wie in

Dutzenden von Ländern, in denen sich seit zwanzig Jahren viel getan hat – nur nicht in der Frage der Menschenrechte.

II. Wem hilft amnesty?

1. Verurteilt

Die Kampagne zur Abschaffung der Todesstrafe

Beispiel Irak
März 1985. Zehn Mitglieder der Familie Hakim werden hingerichtet. Ihr „Verbrechen": sie sind alle verwandt mit dem irakischen Oppositionellen Ajatollah Muhammad Baqer al-Hakim, dem Sprecher der irakischen Schiiten im iranischen Exil. Seine Familie dient dem irakischen Regime unter dem Staatsoberhaupt Saddam Hussein als Geisel, weil er sich im Lande des Kriegsgegners aufhält. 90 Familienangehörige, darunter neunjährige Kinder und 76jährige Greise, wurden schon zwei Jahre lang ohne Gerichtsverfahren in Haft gehalten – „Sippenhaft".

7. Dezember 1985. Im Gefängnis von Kirkuk wird der 36-jährige Wali Isma'il Khassrou hingerichtet. Sein „Verbrechen": der Bauer hat angeblich einem kurdischen Freiheitskämpfer Unterschlupf gewährt.

März 1986. Fünfzehn Schüler und Studenten werden nach einem Schnellverfahren in Arbil öffentlich hingerichtet. Ihr „Verbrechen": Sie waren Opfer einer Vergeltungsaktion für einen Attentatsversuch auf den Gouverneur.

Januar 1987. 29 junge Menschen im Alter von 17 bis 23 Jahren werden hingerichtet. Ein Jahr lang waren sie schon im Hauptquartier des Sicherheitsdienstes in Bagdad festgehalten worden. Angehörige berichteten amnesty später, einigen der Toten seien die Augen ausgestochen worden, andere hätten Folterspuren aufgewiesen. Das „Verbrechen" der 29 Jugendlichen: die Eltern und Verwandten hatten sich politisch betätigt. Sie gehörten zu einer Gruppe von mindestens 300 Kindern und jungen Erwachsenen, die im Herbst 1985 in der Provinz Sulaimanija verhaftet worden waren. Der Aufenthaltsort der 300 ist bis heute unbekannt. Die irakische Regierung dementierte die Festnahmen, bestätigte aber die Hinrichtung von sieben Jugendlichen.

Dies sind nur wenige Beispiele für Hunderte von Hinrichtungen, die in den vergangenen Jahren im Irak passierten. Doch die Dunkelziffer ist groß. Weder der Prozeß noch die Hinrichtung noch die Beerdigung finden öffentlich statt. Nur in einigen Fällen leistet sich der irakische Staat eine zynische Geste gegenüber den Angehörigen. Sie bekommen die Kosten der Hinrichtungskommandos, einschließlich der benötigten Gewehrkugeln, in Rechnung gestellt. Diese ekelhafte Behandlung der Angehörigen ist nicht nur in diesem Land üblich.

Beispiel China

Im Herbst 1983 begann in der Volksrepublik China eine landesweite Kampagne zur Vebrechensbekämpfung. Während dieser Zeit wurden 15000 Menschen zum Tode verurteilt und – zum Teil öffentlich – hingerichtet.

amnesty international erreichte ein Augenzeugenbericht von einem chinesischen Hochschullehrer, der heute in den USA lebt. Er schrieb seine Erlebnisse unter dem Pseudonym Liu Fong Da nieder, die er am 23. September 1983 in Zhengzhou, der Hauptstadt der Provinz Henan, machte. 45 Menschen wurden auf LKW-Pritschen im Schrittempo auf den öffentlichen Exekutionsplatz gefahren. Die gefesselten Gefangenen trugen auf dem Rücken kleine, längliche Schilder mit der Anklage: „Dieb", „Mörder", „Vergewaltiger", darunter der Name des Verurteilten, mit einem großen „X" durchkreuzt. Liu Fong Da über die gespenstische Szene, die von den Schaulustigen traditionell als ein „Augenglück" gefeiert wird: „Einige der Gefesselten hielten die Köpfe gesenkt, andere trugen sie aufrecht, trotzig, manche weinten. Etliche bewegten ihre Köpfe hin und her und starrten, als wäre die ganze Szene unwirklich."

Nachdem der letzte der 45 mit seinen Begleitpolizisten Stellung bezogen hatte, gaben drei gelbe Leuchtsignale das Zeichen für den Vollzug der grausamen Tat. Synchron schritten Grünuniformierte von dem Exekutionskommando auf die Häftlinge zu, „um ihre Gewehrläufe in weniger als einem halben Meter Abstand auf die Hinterköpfe der Knieenden zu richten. 45 Schüsse krachten gleichzeitig. Die Körper ruckten und sanken nach vorn ins Gras. Blutige Fetzen folgten zu beiden Seiten der Löcher ... Jetzt kamen weißbehandschuhte Polizisten die Rampe herab, verharrten bei jedem Körper und hefteten eilig Notizen an mitgebrachte Klemmbretter. Einige der Körper, die nicht genau getroffen waren, zuckten und bebten noch. Die Polizisten erschossen sie mit Pistolen."

Öffentliche Aushänge mit den Fotos der Getöteten wurden danach an Hauswände gehängt, die Leichen irgendwo beiseite geschafft. Die Angehörigen mußten die obligatorische „Kugelgebühr" bezahlen.

Zweimal noch wurden im Herbst 1983 Menschen in Zhengzhou auf diese Weise umgebracht. Am 22. Juli 1987 wurden auch in einem Pekinger Sportstadion zehn Menschen hingerichtet. 18000 Zuschauer durften das „Augenglück" miterleben.

Beispiel USA

Mit siebzehn Jahren beging Charles Rumbaugh in Texas einen Mord. In diesem Bundesstaat wird bei Mord gnadenlos geurteilt. Am 11. September 1985 wurde er hingerichtet – ein klarer Verstoß gegen internationale Rechtsgrundsätze, die das Urteil für Personen verbieten, die zur Tatzeit minderjährig waren.

Terry Roach und Jay Pinkerton begingen ihre Tat ebenfalls mit siebzehn. Sie wurden beide exekutiert, der eine am 10. Januar 1986 in South Carolina, der andere am 15. Mai 1986 in Texas. Terry hatte deutliche Anzeichen von „Chorea Huntington", einer Erbkrankheit. Aber selbst der Appell des UNO-Generalsekretärs konnte sein Leben nicht mehr schützen.

Ein amnesty-Faltblatt über die Todesstrafe in den USA urteilt: „Schon die Erfahrung, in der Todeszelle auf die eigene Hinrichtung zu warten, ist grausam, unmenschlich und erniedrigend. Die Hinrichtung, oftmals nach mehreren Jahren, in denen die Gefangenen zur Untätigkeit verurteilt und unter gro-

Todesstrafe in den USA: Mit dem Schachspiel versuchen die Häftlinge im Todestrakt des Staatsgefängnisses von Lousiana die Zeit bis zur Hinrichtung zu überbrücken.

ßem psychischen Druck in permanenter Unsicherheit leben, ist ein Akt der Barbarei, unabhängig von der Hinrichtungsmethode."

Barbarisch sind auch die Exekutionsmethoden. Die „New York Times" berichtete am 13. Dezember 1984 über den Fall des Alpha Otis Stephens, der auf dem elektrischen Stuhl hingerichtet wurde. Die Zeitung schrieb, daß der Häftling den ersten, zweiminütigen Stromstoß überlebte und „acht Minunten lang nach Luft gerungen" hatte, bevor die Henker es, diesmal „erfolgreich", ein zweites Mal versuchten. Alpha Otis Stephens wollte leben: „Nach dem ersten Stromstoß sackte er in sich zusammen ... kurz darauf aber sahen Zeugen, wie er nach Luft rang. In den sechs Minuten, die verstrichen, bis die Körpertemperatur sich wieder normalisiert hatte und die Ärzte ihn untersuchen konnten, atmete Stephens dreiundzwanzigmal."

Zeugenaussagen über den 1984 in Texas mit einer Giftspritze hingerichteten James Audry belegen, daß er „mindestens zehn Minuten mit dem Tod gekämpft und während dieser Zeit größtenteils bei Bewußtsein war, sich bewegt und über Schmerzen geklagt“ habe. Schon eimal, ein Jahr zuvor, lag er mit der bereits vorbereiteten Giftspritze festgeschnallt auf der Todesliege, als sozusagen in letzter Minute die Nachricht vom Vollstreckungsaufschub eintraf.

amnesty-Generalsekretärin Brigitte Erler bezeichnete die Todesstrafe in den Vereinigten Staaten als ein „grausames Roulette“. In einigen Bundesstaaten wird häufig zum Tode verurteilt und in den vergangenen Jahren immer häufiger, in anderen Bundesstaaten überhaupt nicht oder eben nicht vollstreckt. Schwarze trifft das Urteil vergleichsweise häufiger als Weiße, insbesondere wenn ihrer Tat ein Weißer zum Opfer fiel. Arme Angeklagte haben es schwieriger, weil sie teure Gutachten oft nicht bezahlen können, die sie entlasten könnten. Clinton Duffy, der frühere Gefängnisdirektor von San Quentin, nannte die Todesstrafe „ein Privileg der Armen“.

Übrigens: Nach dem NATO-Truppenstatut und dem Zusatzabkommen können US-Militärgerichte gegen US-Soldaten auch in der Bundesrepublik Todesurteile verhängen. Die Bundesrepublik hat durch Art. 19 Abs. 1 dieses Zusatzabkommens auf die Zuständigkeit der deutschen Gerichtsbarkeit generell verzichtet, kann aber im Einzelfall dies rückgängig machen. amnesty fordert deswegen die Bundesländer auf, in jedem Fall einer drohenden Todesstrafe für einen GI das Strafverfahren selbst wahrzunehmen.

In 109 Ländern wird hingerichtet, mit Stromstößen, Gewehrkugeln, Giftspritzen, Gas, durch Erhängen oder Steinigungen. Die Liste reicht von A wie Ägypten bis Z wie Zimbabwe. Das sind über 80 Prozent der Staatengemeinschaft. Nur sechzehn Länder haben die Todesstrafe als Möglichkeit im Rechtssystem, vollstrecken sie aber seit 1976 nicht mehr. In 32 Ländern ist die grausame Strafe ganz abgeschafft. Und doch wollen selbst dort immer wieder Politiker und Juristen eine Wiedereinführung. Selbst im „Heimatland“ von amnesty international waren sich die Abgeordneten des Unterhauses nicht zu schade, einen Antrag auf Wiedereinführung der Todesstrafe zu stellen. Eine Mehrheit von 341 Parlamentariern stimmte dagegen. Für die Todesstrafe stimmten im Juni 1988 immerhin 218 britische Abgeordnete, darunter vier Kabinettsmitglieder und die Premierministerin Margaret Thatcher.

1989 ist für amnesty international das Jahr der Kampagne gegen die Todesstrafe. Die Menschenrechtsorganisation nennt zehn Gründe für die Abschaffung der Todesstrafe:

„1. Die Todesstrafe verletzt das Recht auf Leben und ist daher die grausamste, unmenschlichste und erniedrigendste Strafe.

2. Die Todesstrafe kann nicht rückgängig gemacht werden. Fehlurteile können nicht ausgeschlossen werden, es hat sie immer gegeben.

3. Die Todesstrafe hat keine abschreckende Wirkung.

4. Die Todesstrafe wird häufig als Mittel zur Unterdrückung von Minderheiten und zur Verbreitung von Terror benutzt.

5. Die Todesstrafe ist in einer aufgeklärten Strafrechtspolitik unnötig.

6. Die Abschaffung der Todesstrafe ist notwendig, um internationalen Abkommen und Erklärungen zu entsprechen.

7. Die Hinrichtung ist ein Akt der Gewalt, Gewalt erzeugt häufig wiederum Gewalt.

8. Die Verhängung und Vollstreckung der Todesstrafe wirkt auf alle an der Durchführung Beteiligten brutalisierend.

9. Die Todesstrafe wird häufig willkürlich, das heißt unverhältnismäßig oft gegen rassische, ethnische und religiöse Gruppen sowie sozial unterprivilegierte Menschen verhängt.

10. Die Todesstrafe ist die primitivste gesellschaftliche Vergeltung. Sie fragt nicht nach der persönlichen Schuld des Täters.“

Brigitte Erler, Generalsekretärin der deutschen Sektion, machte dennoch im Jahr 1988 eine Erfahrung, die Hoffnungen gibt. Häufig bleiben die amnesty-Appelle für eine Begnadigung ungehört. In einer Eilaktion protestierte sie bei der Regierung Nigerias gegen die drohende Hinrichtung eines siebzehnjährigen Häftlings. Der zuständige Gouverneur begnadigte den Jugendlichen zu fünf Jahren Haft – unter Berufung auf zahlreiche Briefe von amnesty.

2. *Massakriert*

Politischer Mord durch Regierungen

Die Betroffenen haben eines gemeinsam. Sie haben die falsche politische Überzeugung oder engagieren sich in der falschen Organisation. Sie haben die falsche Religion oder Hautfarbe, sie tragen das falsche Geschlecht oder sprechen die falsche Sprache. Oder sie haben die falsche ethnische Herkunft.

Es sind die Opfer brutaler politischer Morde, für die Regierungen verantwortlich sind, ohne daß sie durch eine gerichtlich verhängte Todesstrafe hingerichtet werden. Die Hinrichtung findet „außergerichtlich" statt, wie die Juristen die Fälle bezeichnen. Sie sprechen deshalb von „extralegaler Hinrichtung".

Politische Morde durch Regierungen sind, nach einer amnesty-Definition „ungesetzliche und vorsätzliche Tötungen von Personen aufgrund deren tatsächlicher oder vermuteter politischer Überzeugung oder Tätigkeit, Religion oder anderer Überzeugung, ethnischer Herkunft, Geschlecht, Hautfarbe oder Sprache, die auf Anordnung oder mit Beihilfe einer Regierung begangen werden".

Ein ehemaliger Soldat der guatemaltekischen Armee erklärte in einer Zeugenaussage im Februar 1980, was sich hinter der nüchternen Juristen-Definition verbirgt. Der Armeeangehörige aus dem mittelamerikanischen Land wurde gefragt: „Hatten Sie die Erlaubnis, jede beliebige Person zu töten?" Er gab als Antwort zu Protokoll: „Nur verdächtige Personen. Sie gaben uns Tagesbefehle. Und wir hatten auch Unterricht; wir waren Schüler, genau wie die Verdächtigen. Aber wir durften sie töten. Sie gaben uns Sonderausweise für den Fall, daß Polizei aufkreuzte; selbst wenn die Polizei in der Überzahl war, brauchten wir nur diese Ausweise zu zeigen, wenn wir gerade bestimmte Dinge taten; sie würden uns dann nicht festnehmen, und wir könnten verschwinden. So haben sie uns das erklärt. Falls wir also irgendeinen großen Fehler machten, brauchten wir nur irgend jemanden zu töten, einfach so, und zu fliehen. Dafür gaben sie uns die Ausweise. Wir brauchten sie nur der Polizei zu zeigen, und die hätte keine Befugnis, uns festzunehmen."

Der Soldat wurde weiter befragt: „Und die Polizei griff nicht ein?" Seine Antwort: „Sie taten nichts, überhaupt nichts. So merkte ich, daß die Armee eine Schule für Mörder ist, nichts anderes."

Die Zeugenaussage eines Opfers dieser militärischen Aktionen macht deutlich, was unter „bestimmten Dingen" zu verstehen ist. Die siebzehnjährige Kekschi-Indianerin aus dem Dorf Chirrenquiché in der guatemaltekischen Provinz Alta Verapaz beschreibt einen Überfall auf ihr Dorf vom 7. April 1982: „Als die Soldaten kamen, flohen wir in die Berge ... Sie verschleppten drei von uns in die Berge, fesselten sie und töteten sie mit Macheten und Messern. Sie starben dort. Dann fragten sie mich, wer von ihnen Guerillakämpfer sei, und als ich es ihnen nicht sagte, schlugen sie mich mit der Machete. Sie vergewaltigten mich, warfen mich auf den Boden und verletzten meinen Kopf mit der Machete, meine Brüste, meine Hand ... Die Soldaten faßten auch meinen dreizehnjährigen Bruder Ramos, schleiften ihn mit, schossen ihm in den Fuß und ließen ihn auf dem Boden liegen. Er, meine Eltern und weitere Geschwister befanden sich im Haus. Die Soldaten sagten: ‚Sie sind Guerillakämpfer, sie müssen getötet werden.' Mein Bruder sah, wie sie meine Eltern, meine Brüder und Schwestern und meinen kleinen, ein Jahr alten Bruder töteten. Sie erschossen sie mit Maschinengewehren, als sie ins Dorf kamen. Nur noch mein Bruder Ramos und ich leben. Freunde gaben uns Spritzen und Medikamente. Wir können nicht ins Krankenhaus von Cobán gehen. Ich glaube, sie würden uns dort töten."

Zehntausende von Guatemalteken sind seit 1966 getötet worden, unter wechselnden Regierungen. Die Täter waren Soldaten regulärer Militär- und Polizeieinheiten, Mitglieder staatlicher Sicherheitsorgane oder von sogenannten „Todesschwadronen", die zwar offiziell außerdienstlich handelten, aber, vielfach belegt, von der Regierung geführt, bezahlt oder unterstützt wurden. Die Massaker sollten die Bevölkerung in Angst und Schrecken versetzen, um sie von einem Überlaufen zur Guerillabewegung abzuhalten. In Guatemala überzogen die Massentötungen das ganze Land, staatlicher Terror traf Bauern, Kirchenleute, oppositionelle Politiker, Journalisten, Ärzte, Juristen – immer dann, wenn sie der Zusammenarbeit mit der Guerilla verdächtigt wurden. Sie wurden willkürliche Opfer staatlicher Morde. In zwei Jahrzehnten sind Zehntausende Opfer solcher Aktionen geworden.

Eine Täteraussage aus Ostasien. Der Zeuge war ein ehemaliger Kader der „Roten Khmer". Vor der Internationalen Juristenkommission berichtete er: „Zu Beginn wurden nur die Familien von Offizieren getötet. Anfang 1976 wurden dann auch die Familien einfacher Soldaten getötet. Eines Tages weinte ich in Choeung Prey einen ganzen Tag lang beim Anblick ermordeter Frauen und Kinder. Ich konnte meine Arme nicht länger heben. Kamerad Saruoeun sagte zu mir ‚Mach weiter!'. Ich sagte: ‚Wie kann ich? Wer kann denn Frauen und Kinder ermorden'? Drei Tage später wurde ich verhaftet, im Juni 1976."

Der Rote-Khmer-Kämpfer erläuterte die Motive für das grausame Morden: „1975 mußten wir unsere Politik ändern: der Sieg der Revolution war zu schnell vonstatten gegangen. Wenn die Bevölkerung nicht sofort ausgelöscht würde, wäre die Revolution in Gefahr, weil die republikanischen Kräfte Sihanouks sich gegen sie verbünden würden. Es war daher notwendig, alle diese Kräfte zu eliminieren und nur die Anhänger der Kommunistischen Partei Kampucheas zu verschonen. Nicht nur die Offiziere mußten beseitigt werden, sondern auch die gemeinen Soldaten und deren Frauen und Kinder."

Wie in Kampuchea beschloß auch in Indonesien die Regierung, „die politische Landschaft durch die physische Liquidierung der politischen Opposition zu ändern" (amnesty). In beiden Ländern waren schreckliche Massaker die Folge, die zu den massivsten Menschenrechtsverletzungen seit dem Zweiten Weltkrieg gezählt werden. In Indonesien wurden nach zurückhaltenden Schätzungen in den Jahren 1965 und 1966 etwa 500000 Menschen getötet, in Kampuchea zwischen 1975 und 1979 mindestens 300000.

Uganda: Nach jahrelangen blutigen Machtkämpfen in dem afrikanischen Staat wurden 1986 diese Totenschädel aus einem Massengrab in Kikuubo ausländischen Diplomaten und Reportern gezeigt. Der Junge im Bild gibt an, daß seine Eltern von Regierungssoldaten umgebracht wurden.

Die Morde in den beiden Ländern fanden unter starker Geheimhaltung statt. Es dauerte Wochen und Monate, bis Informationen über erste Einzelheiten im Ausland bekanntwurden. Das Morden endete in Indonesien erst, als das Hauptziel, die Liquidierung der Kommunistischen Partei, erreicht war. In Kampuchea hörten die Massaker erst auf, als die Regierung gestürzt worden war.

amnesty international versucht bereits jahrelang, extralegale Hinrichtungen zu bekämpfen. Doch oft kommen Informationen über staatlichen Mord viel zu spät über die Grenzen, manchmal trifft fundiertes Beweismaterial erst Monate oder Jahre nach Beendigung des Grauens ein. amnesty hat eine internationale Kampagne in Gang gesetzt, um diesen staatlichen Morden ein Ende zu setzen.

3. *„Verschwunden"*

Trauer ohne Ende

Die Bilder gingen um die Welt. Die argentinischen „Mütter der Plaza de Mayo" zeigten unter Protestschreien und Tränen die Fotos ihrer Männer und Söhne. Sie durchlitten eine tägliche Trauer, die unermeßliche Züge haben muß. Ihre Freunde, Ehemänner und Söhne sind „verschwunden". Polizisten holten sie eines Tages ab. Soldaten verschleppten sie. Wochen, Monate, Jahre vergingen ohne Nachricht über ihre Angehörigen.

Die verzweifelte Trauer ist schlimmer, als die Gefühle nach dem Tod eines Menschen, denn sie findet kein Ende. Täglich bleibt ein Stück Hoffnung auf die (lebende) Wiederkehr des unfreiwillig „Verschwundenen".

Die Nachricht vom Tod ist dann schon eine Erlösung: „Nach der Entdeckung dachte ich: Wir haben sie so lange gesucht, und sie waren so nahe. Es war schrecklich. Ich habe immer gehofft, daß sie doch noch am Leben sein könnten ... Dann war das alles vorbei. Nun bin ich ruhiger, weil ich weiß, daß sie nicht mehr leiden. Aber wenn ich daran denke, wie brutal sie umkamen, bin ich traurig und bitter."

Diese Worte stammen von der Chilenin Rosario Astudillo. Ihr Mann und zwei Söhne wurden in der Stadt Lonquén gefunden. Wieder einmal das Beispiel Chile: Am 28. Mai 1975 wurde dem Obersten Gerichtshof des Landes eine Petition mit einer Liste von 163 Vermißten übergeben – Name, Alter, Geschlecht, letzter Aufenthaltsort. 1984 war die Liste der dokumentierten Fälle bereits auf über 700 angewachsen.

„Sehen Sie sich jeden einzelnen Namen und jedes Foto an", schreibt die „Organisation der Angehörigen Verschwundener". „Wir möchten, daß Sie sich einen wirklichen Menschen aus Fleisch und Blut vorstellen. Wir möchten, daß Sie sich einen Augenblick lang vorstellen, dieser Mensch sei eines Ihrer Kinder, Ihr Vater oder Ihre Mutter, oder auch ein Freund oder Nachbar. Wir möchten, daß Sie einen Augenblick darüber

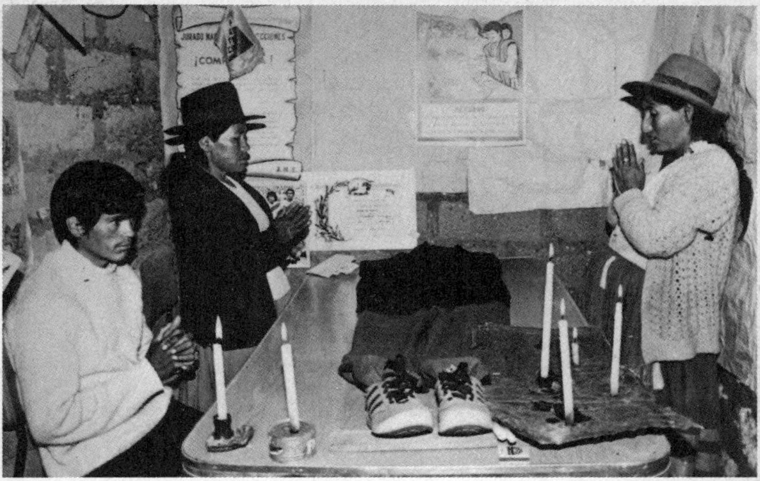

Die Familie eines Bauern im Departement Ayacucho (Peru), die eine Totenwache für einen „verschwundenen“ Angehörigen abhält, weil sie glaubt, daß er nicht mehr am Leben ist. Seine Kleidung ist alles, was der Familie von ihm geblieben ist.

nachdenken, daß diese Menschen seit zehn Jahren aus unserem Leben verschwunden sind. Wir haben sie nicht durch einen Unfall oder eine Krankheit verloren. Eines Tages wurden sie verhaftet, und wir haben nie wieder etwas von ihnen gehört.“

1978 wurde in Lonquén, in der chilenischen Provinz Santiago, ein geheimes Grab in einer stillgelegten Mine gefunden. Fünfzehn Leichen wurden gefunden, darunter der Mann und die Söhne von Rosario Astudillo. Sie waren fünf Jahre zuvor verhaftet worden und galten seitdem als „verschwunden“. Den Angehörigen wurde verboten, ihre Toten zu Hause zu begraben.

„Wir werden unseren Kampf fortsetzen“, sagt die Tochter des „verschwundenen“ chilenischen Oppositionellen Victor Diaz Lopez, „bis sie uns sagen, was mit ihm passiert ist und bis Gerechtigkeit hergestellt ist. Sein Leben und das aller anderen

‚Verschwundenen' darf nicht in Vergessenheit geraten. Wir kämpfen, um zu gewährleisten, daß das, was ihm passierte, in unserem Land nie wieder geschieht."

„Keine Gefangenen machen" ist die militärische Devise in den „schmutzigen Kriegen" gegen vermeintliche Guerilleros und ihre Unterstützer, oft gegen ganze Bevölkerungsteile. Es gibt keine gerichtlichen Dokumente, keine Richter, keine Staatsanwälte. Es gibt häufig auch keine Überlebenden und auch keine Leichen. Die Opfer dieser heimlichen Staatsmorde und Entführungen werden oft erst Jahre später – wenn eine neue Regierung an der Macht ist – in Massengräbern gefunden.

amnesty international erfährt häufig erst zu spät von solchen Aktionen. Nur die möglichst lückenlose Dokumentation der Fälle und die Information der Weltöffentlichkeit bleibt der Organisation – und immer wieder Fragen nach dem Verbleib der „Verschwundenen".

Immerhin konnte amnesty international zum Beispiel im Fall Argentinien bei der gerichtlichen Aufklärung helfen. Nach der Ablösung der Militärregierung wurden Mitglieder der Sicherheitskräfte vor Gericht gestellt, die in der Zeit der Militärherrschaft zwischen 1976 und 1983 für Tausende Fälle von „Verschwundenen" verantwortlich gemacht wurden.

Betrübt stellte amnesty in ihrem Jahresbericht 1987 mit diplomatischer Formulierung fest: „Sie nahm auch aufmerksam zur Kenntnis, daß die Regierung Richtlinien erließ und Gesetze einführte, die einer Anklageerhebung wegen in der Vergangenheit begangener Menschenrechtsverletzungen Schranken setzten." Über 600 Verfahren waren 1986 vor dem Obersten Rat der Streitkräfte, dem höchsten Militärgericht in Argentinien, anhängig. Erst heftige öffentliche Proteste brachten Bewegung in die unter Ausschluß der Öffentlichkeit verhandelten Verfahren.

Erstmalig wurde nicht mehr akzeptiert, daß sich angeklagte Mitglieder der Sicherheitskräfte auf „Befehlsgehorsam" berufen konnten. Die Richter erklärten, daß auch untergeordnete Offiziere „Befehle, die den Gesetzen widersprechen, verweigern müssen". In der argentinischen Öffentlichkeit wurde dies als

Die Mütter der „Plaza de Mayo“ in Argentinien fordern 1983 eine lückenlose Aufklärung über das Schicksal ihrer Angehörigen.

„Wendepunkt in der Rechtsprechung“ gewertet. Das erste Verfahren gegen Offiziere höherer, mittlerer und niederer Dienstränge begann im September 1986. Auf der Anklagebank saßen der pensionierte General Ramon Camps, zwischen 1976 und 1979 Polizeichef der Provinz Buenos Aires, und sechs ehemalige Polizei- und Militärangehörige. Unter anderem wurden ihnen 32 Morde zur Last gelegt, 120 Fälle von Folterungen, 214 Fälle von Entführungen mit Lösegeldforderungen und 47 davon „Verschwundene“.

Der Ex-General erhielt 25 Jahre Haft, sein Stellvertreter 23 Jahre. Der Nachfolger von Camps als Polizeichef, Ovidio Riccheri, wurde zu vierzehn Jahren Haft verurteilt.

Doch viele andere Verantwortliche wurden freigesprochen – „mangels Beweisen“ oder weil die Verjährungsfrist abgelaufen war.

Mit einem Gesetzentwurf, bekannt unter der Bezeichnung „Punto Final“ (Schlußpunkt), versuchte die Regierung wenige Tage nach dem Urteilsspruch über Ramon Camps und seine fünf Offizierskameraden, neue Verjährungsvorschriften einzuführen. Die Mitglieder der Sicherheits- und Gefängnisbehörden sollten nicht mehr für Menschenrechtsverletzungen, die vor dem Dezember 1983 begangen wurden, strafrechtlich verfolgt werden dürfen, es sei denn, Beschuldigte würden innerhalb von 60 Tagen nach Inkrafttreten dieses Gesetzes zu einer Gerichtsaussage geladen.

amnesty nahm in Schreiben an die Parlamentsvorsitzenden kritisch Stellung zu dem Gesetzentwurf. Der Kongreß verabschiedete die Gesetze dennoch, mit lediglich zwei Änderungen: sie sollten auch für Zivilpersonen gelten, die an subversiven Aktionen gegen frühere Regierungen beteiligt waren, und die Fälle „verschwundener" Kinder wurden von der Verjährungsfrist ausgenommen.

Der größte Erfolg wurde in Argentinien bei der Suche nach etwa 100 Kindern erreicht, die mit ihren Eltern „verschwunden" waren oder in geheimen Haftzentren geboren wurden. Die „Mütter der Plaza de Mayo" konnten mit der Hilfe von amnesty immerhin das Schicksal von 39 Kindern aufklären. Vier waren gestorben, achtzehn konnten zu ihren eigenen Eltern zurückkehren, neun lebten bei Adoptiveltern, in acht Fällen verhandelten die Gerichte über die „Adoption" durch Mitglieder der Sicherheitsorgane.

Die Militärs sind in dem lateinamerikanischen Land, das eine der höchsten Verschuldungen der Welt hat, immer noch ein entscheidender Machtfaktor. Dennoch ist die Regierung unter Präsident Raúl Alfonsín bemüht, in der Weltöffentlichkeit ein besseres Bild abzugeben, als es sein Land während der Zeit der Militärherrschaft abgab. Argentinien ratifizierte 1986 den Internationalen Pakt über bürgerliche und politische Rechte sowie die Konvention der Vereinten Nationen gegen Folter und andere grausame, unmenschliche oder erniedrigende Behandlung.

4. *Gequält*

Der Kampf gegen die Folter

Bonn, Heerstraße 178. Die Büros der bundesdeutschen amnesty-Sektion befinden sich im Innenhof eines Altstadtgebäudes, nahe der Bahnstrecke Köln-Bonn. Einige der hier arbeitenden amnesty-Angestellten beschäftigen sich an ihrem Schreibtisch täglich mit einer Sache, die sich einer würdigen Beschreibung entzieht.

Die Folter, die täglich rund um den Erdball Menschen erleiden müssen, ist Gegenstand ihrer Arbeit.

Ein Büroraum in der Bonner Geschäftsstelle beherbergt fünf große Karteikästen mit Fotos, nach Kontinenten und Ländern sortiert, andere in Sonderrubriken abgestellt. Es sind fotografische Dokumente der Menschenrechtsverletzungen in den untersuchten Ländern: Porträtaufnahmen von Inhaftierten und „Verschwundenen", Bilder von protestierenden Angehörigen und, immer wieder dazwischen, Dokumente eines unermeßlichen Leidens. Einige Bilder zeigen Tote, Verstümmelte, die der Folter und den Mißhandlungen erlagen. Andere zeigen geschundene Rücken, die mit Folterwerkzeugen traktiert worden sind, mit Pfeilen oder Kreisen markierte Körperteile, die mit brennenden Gegenständen verletzt wurden oder mit elektrischen Schlägen behandelt wurden. Wieder andere zeigen Fußsohlen, und Füße, die durch Schlagstöcke und Verbrennungen verkrüppelt sind. Gestellte Fotos demonstrieren, in welcher Weise die Opfer von den Folterern behandelt werden. Zeichnungen rekonstruieren die Praktiken und Methoden.

Es ist schon eine große Qual, sich diese Bilder anzusehen. Wie groß muß erst das Leiden der Opfer solcher Tortur sein?

Jean Améry, der die größte Folter-Maschinerie der Menschheitsgeschichte in den Konzentrationslagern der Nazis erlebte, sagte einmal, daß man „die Folter nicht beschreiben kann, weil die Gefühlsqualität des physischen Erleidens prinzipiell sich der Mit-Teilung entzieht".

Deutsche Ärzte, Psychiater und Psychologen haben nicht unwesentlich dazu beigetragen, „moderne“ Formen der Folter zu entwickeln. Als Kriegspsychiater und Wehrmediziner beschäftigten sie sich schon im Ersten Weltkrieg mit Methoden zur Behandlung sogenannter „Kriegsneurotiker“. Das waren Soldaten, die nicht mehr weiter Krieg führen konnten. Ihnen versagten die Beine, die sie an die Front bringen sollten. Ihnen versagten die Arme, die das Gewehr halten sollten. Sie zitterten am ganzen Körper, weil neben ihnen eine Granate einschlug. Sie zeigten „neurotische“ Affektregungen, die sie vor weiteren Kriegsgreueln bewahren sollten.

Mit „Aversionstechniken“ versuchten die deutschen Nervenärzte ihre Patienten wieder „frontverwendungsfähig“ zu machen. Die Patienten wurden dabei mit Schrecknissen konfrontiert, die noch viel schlimmer waren als jene Kriegserlebnisse, die zu ihrem „neurotischen“ Verhalten führten.

Der Hamburger Arzt und Historiker Karl-Heinz Roth beschrieb die damals entwickelten Methoden. Soldaten, denen der Krieg schlicht die Sprache verschlagen hatte, sogenannten „Aphonikern“, wurden Spreizsonden in den Kehlkopf eingeführt, damit sie wieder sprechen lernten – im Schrei der Todesangst. Soldaten, die zwanghaft erbrachen, wurden gezwungen, das Erbrochene wieder zu verzehren. Die Isolationshaft wurde entdeckt. „Elektrische“ Ströme wurden durch die Körper gejagt, was zum Vernichtungsschmerz im Bereich der Nervenbahnen führte... Im Anschluß an diese und andere ‚Kuren‘ mußten die so ‚Behandelten‘ oft zwangsexerzieren bis zum physischen Zusammenbruch.“

Der bekannte deutsche Militärpsychiater Generalarzt Ewald Stier würdigte die „Erfolge“ dieser Grausamkeiten: „Diese Maßnahmen haben sicher Schlimmeres verhütet und zweifellos mit dazu beigetragen, daß die Front im Westen bis zum schmerzlichen Ende festgestanden hat und ein ehrenvoller Rückzug gelungen ist.“

Ab Herbst 1916 wurden Speziallazarette für „Kriegsneurotiker“ eingeführt, in denen diese Torturen angewendet wurden. 1934 folgte dann die „Crème der Neurologie und Psychiatrie“

Guinea: Schuhe ehemaliger Folteropfer wurden nach dem Regierungswechsel vor dem Gefängnis Camp Boiro aufgestellt.

(Karl-Heinz Roth) dem Ruf als „Beratende Psychiater“ für die „Wehrkreisärzte“, als in der „Militärärztlichen Akademie“ die „Abteilung für Wehrpsychiatrie und Wehrpsychologie“ eröffnet wurde.

Der Arbeit dieser Wissenschaftler verdankt die Welt zahlreiche Erkenntnisse über die Wirkung von Foltermethoden, die bis auf den heutigen Tag von Militärs, Geheimdiensten und Polizeikräften in über 60 Ländern angewendet werden.

Während des Zweiten Weltkrieges benutzten sie als „Sanitätsoffiziere“ und „Wehrmediziner“ massenhaft ihre Folterpraktiken bei Insassen von „Heil- und Pflegeanstalten“, aber auch bei „neurotischen“ Soldaten. In die Geschichte ging die als „Pansen“ bezeichnete Elektroschock-Behandlung ein, die von den Nervenärzten Friedrich Panse, Kurt Pohlisch und Konrad Elsässer entwickelt wurde. Panse und Pohlisch waren auch „Tötungsgutachter“ für die unter der Bezeichnung „T 4“ geheim durchgeführten Euthanasie-Aktionen an psychisch Kranken, Erbkranken, Hilfsschülern und „Arbeitsunwilligen“.

(Die in Ensen bei Köln durchgeführten Panse-Aktionen waren übrigens kein Hinderungsgrund für eine glänzende Nachkriegskarriere der Wissenschaftler in der bundesdeutschen Humangenetik.)

Dreißig Jahre nach Ende des Zweiten Weltkrieges beschäftigte sich die UNO in Chile mit diesen Foltermethoden. Es ging um die „Colonia Dignidad“, einem Lager von 300 Deutschen im Süden Chiles, in einem militärischen Sperrgebiet gelegen. Zeugen berichteten aus dem Lager, das abgeschirmt von der Öffentlichkeit, mit Stacheldraht, Wachtposten, Wachhunden und moderner Elektronik gesichert ist. In dem Lager würden Kinder sexuell mißhandelt, Menschen mit Elektroschocks gefoltert und mit Psychopharmaka traktiert. Menschen seien dort „verschwunden“. Die „Colonia“ stünde in dem Verdacht, dem chilenischen Geheimdienst als Folterlager, möglicherweise sogar als Stätte für Folterversuche gedient zu haben. Die deutsche Kolonie im Süden, rechtlich als „Mission“ und mit einem Netzwerk von Firmen abgesichert, genoß bislang allerhöchsten Schutz in der Pinochet-Diktatur. Per Dekret haben die Deutschen unter der Leitung des Missions-Predigers Paul Schäfer Schürfrechte im Süden des lateinamerikanischen Staates für äußerst wertvolle und strategisch interessante Metalle wie Uran, Titan und Molybdän erhalten. Paul Schäfer, der sich selbst als ehemaliger Kriegs-Sanitäter und „Psychologen" bezeichnet, genoß offenbar hohes Ansehen bei deutschen Diplomaten in Chile, bei christdemokratischen Politikern in der „Heimatmission" in Siegburg bei Bonn, aber auch bei der wichtigen „Gesellschaft für Kernforschung" in Karlsruhe.

Die Menschenrechtskommission der Vereinten Nationen veröffentlichte im Oktober 1976 einen Report, der ein geheimes Folterlager der chilenischen Militärdiktatur vermuten ließ: „Nach Aussagen wurden in der ‚Colonia Dignidad' Häftlinge verschiedenen ‚Experimenten' ohne irgendwelche Befragung unterworfen: Hunde, die darauf dressiert sind, sexuelle Aggressionen zu begehen und die Geschlechtsorgane von Männern und Frauen zu zerstören; ‚Versuche' über die Grenzen der Belastbarkeit mit verschiedenen Foltermethoden (Schläge, Elektroschocks, Aufhängen usw.); Experimente, um die Häftlinge geistig zu zerbrechen; lange Perioden von Isolierung und andere unmenschliche Bedingungen ... Angeblich werden in diesen Zellen Verhöre über eine Sprechanlage durchgeführt, während die Gefangenen nackt an Metallroste gefesselt sind und Elektroschocks empfangen."

amnesty fand unter anderem einen Menschen, der sich sicher war, in den Kellern der „Colonia" gefoltert worden zu sein. Dr. Luis Peebles, der heute im europäischen Exil lebt, berichtete, daß die Folter offenbar nicht dem üblichen Erpressen von Geständnissen diente: „Ich hatte den Eindruck, daß Versuche mit mir gemacht wurden ... Ich glaube, die wollten sehen, wie weit sie mit einem Menschen gehen können, wie stark die Belastbarkeit des Menschen ist."

Als amnesty international auf der Grundlage der UNO-Ermittlungen die Broschüre „Colonia Dignidad – deutsches Mustergut in Chile, ein Folterlager der DINA" veröffentlichte und die Illustrierte „Stern" gleichzeitig einen Bericht publizierte, klagte Paul Schäfers Kolonie auf Unterlassung der Behauptungen über Folterlager des chilenischen Geheimdienstes. amnesty weigerte sich, die Unterlassungserklärung zu unterschreiben. Es kam zur Eröffnung des Hauptverfahrens beim Landgericht Bonn.

Bis heute ist das Verfahren noch nicht abgeschlossen. Seit elf Jahren zieht sich der Prozeß hin, weil das Bonner Landgericht vor Ort prüfen will, die chilenischen Behörden blockieren und die Justiz verzögert. Zuletzt kam aufgrund erneuter Enthüllungen und Veröffentlichungen in Chile und der Bundesrepublik, unter anderem durch den jungen Kölner Journalisten Gero Gemballa, mehr Bewegung in die Sache. 1988 wurde ein Ortstermin im Süden Chiles möglich gemacht. Doch ob nach so langer Zeit die Vorwürfe noch geklärt werden können, bleibt fraglich. Die Kolonie, selbst ausgerüstet mit Baumaschinen und viel technischem Gerät, ist sicherlich in der Lage gewesen, durch bauliche Veränderungen die Spuren komplett zu beseitigen. „Die Geschichte ist ohne Ende", schrieb der Journalist Gero Gemballa. „Irgendein großes Geheimnis steckt noch dahinter. Der Grund, weshalb die Leiter der ‚Colonia Dignidad' bisher immer ungestraft davonkommen konnten, ist noch nicht gefunden. Es gibt nur viele Einzelhinweise und mysteriöse Geschichten. Vielleicht wird in zehn Jahren immer noch über die ‚Colonia Dignidad' berichtet. Und auch dann sagt das Auswärtige Amt, daß man das Ganze ‚sehr ernst' nehme und sich ‚um Aufklärung bemüht'."

Menschenversuche wie die beschriebenen führten zur „Modernisierung" der Folter. Sie machten das Foltern nicht nur oft grausamer, sondern auch geräuschloser und spurloser – damit die Opfer solcher Tortur nicht mehr mit ärztlichen Gutachten die Ursachen ihrer Verletzungen beweisen können.

Die Palette der Methoden ist sehr unterschiedlich. Dazu gehören die „falanga" oder „falaka" – das Schlagen auf die empfindlichen Fußsohlen; ungelöschter Kalk in Kapuzen aus Reifenschläuchen, wie aus Guatemala berichtet wurde; das Überschütten mit heißem Teer; der in Syrien verwendete „schwarze Sklave", ein elektrisch erhitzer Metallstab, der in den Anus eingeführt wird; die in Ruanda bekanntgewordenen Dunkelzellen, „cachots noirs“ genannt, in denen die Gefangenen ohne Licht zum Teil über ein Jahr festgehalten wurden; die Verabreichung von schmerzverursachenden Medikamenten, wie sie aus den psychiatrischen Anstalten der Sowjetunion bekannt wurden; und natürlich die Elektroden und Elektroschock-Geräte, die fast überall auf der Welt zum gängigen Folterwerkzeug gehören, weil sie später den Nachweis der Folter besonders schwer machen.

In keinem einzigen Staat der Welt wird in der Verfassung oder Strafgesetzgebung offiziell die Folter genannt. Nur wenige Länder erlauben in ihren Strafgesetzen Auspeitschungen und Amputationen.

Die von über 150 Staaten ratifizierte Genfer Konvention bezeichnet Folter als ein Verbrechen, egal ob in nationalen oder internationalen Konflikten angewendet. Erklärungen der Vereinten Nationen und auch regionaler internationaler Organisationen verbieten die Folter, die UNO legte mit einer Definition den Begriff exakt und rechtsverbindlich fest, um international eine Grundlage für gerichtliche Verfolgung und Entscheidung zu liefern:

„1. Unter Folter im Sinne dieser Erklärung ist jede Handlung zu verstehen, durch die einer Person von einem Träger staatlicher Gewalt oder auf dessen Veranlassung hin vorsätzlich starke körperliche oder geistig-seelische Schmerzen oder Leiden zugefügt werden, um von ihr oder einem Dritten eine Aussage oder ein Geständnis zu erzwingen, sie für eine tatsächlich oder mutmaßlich von ihr begangene Tat zu bestrafen oder sie oder andere Personen einzuschüchtern. Nicht darunter fallen Schmerzen oder Leiden, die sich lediglich in einem mit den Mindestgrundsätzen für die Behandlung von Gefangenen zu vereinbarenden Maß aus gesetzlich zulässigen Zwangsmaßnahmen ergeben, diesen anhaften oder als deren Nebenwirkung auftreten.

2. Die Folter ist eine verschärfte Form absichtlich grausamer, unmenschlicher oder erniedrigender Behandlung oder Strafe.“

Die Genfer Psychoanalytikerin Silvia Amati gab Berichte der Studentin Irma aus Uruguay wieder, die ihre Empfindungen nach den Erlebnissen im Folterkeller beschrieben hat: „Als erstes erklärte sie mir, daß es zwei Arten von Folter gibt, die ‚saubere' und die ‚schmutzige'. Sie sprach dann meist von der ‚sauberen' Folter. Bei den ersten Polizeiverhören wurde immer mit dem Aufzählen von Namen und Daten begonnen, sofort darauf wird ‚dir aber eine Kapuze übergestülpt, die aus rauhem Stoff besteht, völlig dicht ist, so daß man das Gefühl hat zu ersticken, und gar nichts mehr sieht'."

Die Studentin hat diese Kapuze monatelang getragen. „All das geschieht, während das Verhör in konventionell-höflicher Form weitergeführt wird und die üblichen Umgangsformen eingehalten werden."

Durch diese Psycho-Folter, die immer häufiger praktiziert wird, werden die Gefangenen in absolute Ohnmacht und Depression getrieben, wird ihre Widerstandskraft und ihr Willen gebrochen, wird ihr Selbstwertgefühl zerstört. Der Gefangene kann mit solchen Methoden zum totalen Gehorsam getrieben werden. Das ist die zweite „Modernisierung" der Folter im 20. Jahrhundert.

Der amerikanische Psychiater Biderman untersuchte die Folterfolgen von US-Gefangenen aus dem Korea-Krieg, die von den Chinesen gemartert wurden. Er unterschied drei Techniken der Psycho-Folter: Abhängigkeit (dependency), Erschöpfung (debility) und Schrecken (dread) und gab dieser Methode systematischer Folter die Bezeichnung „DDD-Methode".

Verheerend ist auch der politisch-psychologische Effekt auf die Bevölkerung in den Folter-Staaten. Die Folter wird als exemplarische Strafe für abweichendes politisches Verhalten verstanden. Die Folge ist eine Angst vor politischer, oppositioneller Betätigung und der Verzicht auf Bürgerrechte wie Meinungs- und Versammlungsfreiheit. Die Folterforscherin Silvia Amati über diese gesellschaftliche Wirkung: „Das eigentliche Ziel ist die Manipulation, die Einschüchterung eines ganzen Volkes durch Terror und präventive Bestrafung jeglicher Kritik und jeglichen politischen Handelns."

Wer sind diese Leute, die zu derart gräßlichen Taten fähig sind? Silvia Amatis Patientin Irma gab darauf eine Antwort: „Als er mich vergewaltigte, dachte ich immer, daß ihm noch viel mehr Gewalt angetan wurde als mir." Die Genfer Psychoanalytikerin sagt über die Täter: „Es sind verstümmelte, gespaltene, gefühllos gemachte Menschen, die während ihres Lebens kein anderes ‚Urteilsvermögen' besitzen als jenes, das ihnen die Macht oder die Befehlshierarchie, in die sie eingespannt sind, zugesteht." Auch die Folterknechte sind Opfer. Rudolf Höss, der Leiter des Vernichtungslagers in Auschwitz, sagte über seine Erziehung aus: „Ganz besonders wurde ich darauf hingewiesen, daß ich Wünsche und Anordnungen der Eltern, der Lehrer, Pfarrer und so weiter, ja aller Erwachsenen bis zum Dienstpersonal unverzüglich auszuführen beziehungsweise zu befolgen hätte und mich durch nichts davon abhalten lassen dürfte."

Ein amnesty-Arbeitskreis von Medizinern und Psychologen versucht, die Folgen der Folter zu lindern, über die Hintergründe aufzuklären und in konkreten Fällen zu helfen. In Uruguay zum Beispiel wurden Gefangene und deren Angehörige durch die Finanzierung dringend benötigter ärztlicher und psychotherapeutischer Hilfe unterstützt. In Argentinien wurden Blutuntersuchungen für den Elternschaftsnachweis bei zahlreichen Gefolterten finanziert, die nach ihren Kindern suchten, nachdem man sie ihnen nach der Verhaftung weggenommen hatte.

Sehr wichtig ist auch das Engagement dieses Arbeitskreises für politisch Verfolgte und Opfer von Folter, die in der Bundesrepublik im Exil oder Asyl leben. Ihnen wird mit Hilfe von amnesty medizinische und psychotherapeutische Hilfe vermittelt. Mittlerweile existiert in der Bundesrepublik ein halbes Dutzend „Psychosoziale Zentren für ausländische Flüchtlinge", die sich um die ankommenden Verfolgten kümmern. Die Folgen der grausamen Folter sind für die Opfer oft mit jahrelangem, manchmal lebenslangem Leiden verbunden. Nicht nur körperliche Beschwerden, auch die seelische Verarbeitung fällt den Betroffenen häufig sehr schwer. Dazu kommt die Umstellung auf eine neue Welt im Exil, in einem unbekannten Land anderer Sprache und Kultur.

Jean Améry zerbrach an dieser seelischen Qual und suchte den Ausweg im Freitod. Er sah keinen anderen Weg mehr, als auf diese Weise mit dem „Weltekel" nach den Erfahrungen in den faschistischen Konzentrationslagern zu entrinnen. In einem Buch mit dem Untertitel „Bewältigungsversuche eines Überwältigten" schrieb er zuvor: „Wer der Folter erlag, kann nicht mehr heimisch werden in der Welt."

5. Vergewaltigt

Frauen als Opfer

„Hallo Ihr von der ai-Sektion! Ich wußte nicht, daß es in den USA noch die Todesstrafe gibt." (Judith aus Oelde)

„Hallo! Wir sind zwei fünfzehnjährige Schülerinnen und möchten gern mehr über amnesty wissen!" (Yvonne und Sonja aus Hildesheim)

„Im Sommer werde ich fünfzehn. Ich wollte schon lange wo helfen. Bitte schickt mir alles. Ich versuche zu helfen!! wirklich." (Christine aus Jacobsthal)

„Ich war entsetzt, was es doch alles auf dieser Welt gibt. Ich möchte diesen armen Menschen so gerne helfen. Aber wie?" (Juliana aus der Schweiz)

„Ich will auch was ‚tun'!" (Anja aus Lörrach)

Mädchen schreiben amnesty, daß sie etwas gegen Menschenrechtsverletzungen „tun" wollen. Sie kommen aus eher behütetem Elternhaus und können sich nur schwer die Situation in Ländern vorstellen, in denen das große Unrecht passiert. Sie gehören zu den Leserinnen der Jugendzeitschrift „Mädchen", die eher von „gehobenen Töchtern" konsumiert wird. Das Heft Nr. 11, 1988 informierte über Menschenrechtsverletzungen, die an etwa Gleichaltrigen begangen wurden, neben Tips über den „Traumpartner" („Deine große Chance!"), die „schönsten Minis" und die „3-Teiler zum Selbermachen". Der Report über „Mädchen hinter Gittern" stellte vier Fälle vor:

Marie Gorete Joaquim (17) aus Indonesien wurde 1979 als Mitglied einer Oppositionsgruppe von Militärs verschleppt. Fahima Dahir Jama (20) wird ohne faire Gerichtsverhandlung in Somalia seit 1985 wegen gewaltloser Opposition in Haft gehalten – lebenslänglich. Mardie Ibrahim (18) aus dem Tschad und ihre Mutter Mabrouka Houni Rahil sind seit 1985 in Haft, weil die Mutter Lebensmittel an die damalige Armee lieferte. Paula Cooper (16) aus dem US-amerikanischen Bundesstaat Indiana ist zum Tode verurteilt. Sie wird beschuldigt, im März 1986 mit anderen Jugendlichen eine alte Frau getötet zu haben.

Wie unterschiedlich sind die Verhältnisse, und doch gibt es eine Brücke zwischen den Mädchen in der Bundesrepublik und den Opfern der Gewaltherrschaft, die mit gleichem Alter in die Kerker und Folterkeller kommen.

Frauen jedes Alters sind Opfer von Inhaftierung ohne Verfahren, Folter, Verbannungen, Mißhandlungen und staatlicher Morde. Sie sind oft an vorderster Linie in Organisationen und Vereinigungen engagiert, um soziale und politische Veränderungen in ihren Ländern zu erreichen: Landarbeiterinnen, Gewerkschafterinnen, Journalistinnen, Ärztinnen.

Andere werden Opfer der Verfolgung, weil sie Ehefrauen, Töchter oder Mütter von oppositionellen Männern sind. Sie müssen oft miterleben und zusehen, wie ihre Männer und Kinder gefoltert, mißhandelt oder vergewaltigt werden. Sie müssen miterleben, wie ihre ganze Familie massakriert wird.

Sie sind als Opfer einem meist männlichen Polizei- und Militärapparat ausgeliefert, in dem männliche Gesetze und Umgangsformen gelten, in dem die Befehle von Männern gegeben werden.

Und doch werden oft die Heldinnen des Kampfes für mehr Gerechtigkeit in den Medien und in der Weltöffentlichkeit nicht so ernst genommen wie die männlichen Gleichgesinnten. Sexuelle Gewalt ist bei Folter an Frauen fast die Regel. In Ländern, in denen die Sexualität der Frau zudem sehr stark tabuisiert wird, verursachen diese Verletzungen um so tiefere Zerstörungen der Persönlichkeit.

Aus unzähligen Berichten über das an den Frauen begangene Unrecht nur ein Beispiel: „Mein Sohn wurde in einem Raum geboren, der durch eine Stellwand unterteilt war. Auf der einen Seite lagen die gefangenen Männer, auf der anderen die gefangenen Frauen. Dazu kamen dann noch die Kinder, die nach und nach geboren wurden. Nachts weinten die Babies. Es lagen auch frisch gefolterte compañeras und compañeros (Kameraden) da. Das war das Klima der Entbindungsstation." Die Zeugenaussage stammt von einer uruguayischen Ärztin und wurde 1985 aufgenommen.

Die Frauen sind doppelte Opfer der Unterdrückung, als Oppositionelle und als Frauen.

Vielleicht ist dies der Grund dafür, daß die Frauen bei amnesty international zu den beständigsten Mitgliedern gehören. „Sie sind das Rückgrat vom amnesty", sagt die bundesdeutsche Generalsekretärin Brigitte Erler. „Wenn man so herumkommt", erzählt sie von ihren Erfahrungen in der Organisation, „dann sind es die Frauen zwischen vierzig und sechzig, die die Gruppen zusammenhalten. Sie sind die Seele vom Geschäft." Und es sind offenbar nicht die lieben Mütterchen der Organisation, „keine Strumpfstrickfrauen, sondern politisch bewußte Frauen. Das sind gestandene Leute."

Die Münchnerin Gerda Pogoda-Überschär ist eine solche Frau: 41 Jahre alt, Unternehmerin, agil, entschlossen. Zusammen mit ihrem Mann führt sie einen EDV-Beratungsbetrieb. In ihrer Freizeit engagiert sie sich in der amnesty-Gruppe Nr. 1054, zusammen mit fünfzehn anderen Münchnern.

1979 wurde sie amnesty-Mitglied, „weil ich den Eindruck hatte, daß diese Organisation wirklich etwas bewegt". 1979 wurde auch die südafrikanische Rechtsanwältin Priscilla Jana zum amnesty-Fall und zum Betreuungsfall für Gerda Pogoda-Überschär. Die Münchener Unternehmerin kämpft seitdem für die farbige Anwältin.

Am ersten Tag ihrer Kanzlei-Eröffnung schickte der südafrikanische Justizminister einen Brief an die engagierte Frau, die Mitglieder des verbotenen African National Congress (ANC) verteidigte. In dem Schreiben wurde ihr untersagt, Johannesburg zu verlassen, „schwarze“ Stadtteile zu betreten, Artikel zu veröffentlichen, Interviews zu geben oder Versammlungen zu besuchen.

Die Münchnerin schrieb – zusammen mit den anderen Mitgliedern ihrer ai-Gruppe – Hunderte von Briefen. Die Ordner davon stapeln sich im Büro der Gruppe. Doch „wir geben nicht auf“, sagt Gerda. Auch wenn die Freiheit für die Südafrikanerin nicht wiederhergestellt wurde. Die Proteste aus der Bundesrepublik geben Priscilla Jana Hoffnung: „Es ist wundervoll, in anderen Teilen der Welt Freunde zu haben, die sich um uns in Südafrika sorgen. Bitte geben Sie meine Dankbarkeit an alle Menschen weiter, die am Kampf gegen die Unterdrückung in Südafrika beteiligt sind.“

In Südafrika kämpfen in der Anti-Apartheid-Bewegung „Black Sash“ (Schwarze Schärpe) wie in der argentinischen „Mütter der Plaza de Mayo“ und der guatemaltekischen „Grupo de Apoyo Mutuo“ (Gruppe für gegenseitige Unterstützung) Frauen für die Menschenrechte.

Mütter und ihre Kinder werden häufig gemeinsam inhaftiert. So klagt amnesty immer wieder den Fall der Noor Jahan aus Birma an. Sie kam 1957 im Alter von einem Jahr gemeinsam mit ihrer Mutter ins Gefängnis. Heute ist Noor 32 Jahre alt – und immer noch in Haft.

Folter an Kindern dienen dazu, Informationen zu erpressen, Eltern zum Sprechen zu bringen oder einzuschüchtern. Beispiele aus achtzehn Ländern, die in den vergangenen Jahren in der Londoner Zentrale gesammelt wurden, belegen: Kinder mußten die Folterungen an ihren Eltern mitansehen, Kinder wurden im Gefängnis geboren und später zwangsweise von den Müttern getrennt.

In Südafrika sind seit Verhängung des Ausnahmezustandes im Jahr 1985 Tausende von Kindern verhaftet worden. Einige sind geschlagen, ausgepeitscht und mit Füßen getreten worden, andere wurden mit Elektroschocks behandelt.

In Chile, Uganda, Israel und den israelisch besetzten Gebieten sind wiederholt Kinder entführt und inhaftiert worden. In der Türkei wurden im April 1987 vier Jungen eines anatolischen

Dorfes von den Sicherheitskräften als Vergeltung für Operationen von Kurden mit Elektroschocks gefoltert. In Afghanistan, Peru, Sri Lanka und Argentinien sind Kinder spurlos verschwunden. In Kolumbien, Syrien und auf den Philippinen wurden Kinder bei Massakern an der Zivilbevölkerung von Regierungstruppen umgebracht. In Irak, Iran, Bangladesh, auf Barbados und in den USA wurden jugendliche Straftäter unter Verletzung internationaler Rechtsgrundsätze hingerichtet.

Der südafrikanische Bischof und Friedensnobelpreisträger Desmond Tutu beschreibt seine Begegnung mit einem der vielen tausend inhaftierten Jugendlichen, dem fünfzehnjährigen Johnny Mashiane: „Seine Augen waren stumpf, als wäre er wie ein Toter abgeschnitten von der Welt. Sein Gang war ein langsames, schmerzhaft wirkendes Sich-dahin-Schleppen. Es ist unklar, was die Polizei mit Johnny gemacht hat. Was sicher ist, ist, daß er als lebhafter, gesunder und normaler Junge ins Gefängnis ging und als ein dahinvegetierendes Etwas herauskam."

Eine dpa-Agenturmeldung vom 22. September 1987, 10 Uhr 30: „Amsterdam(dpa) – Regierungstruppen der früheren niederländischen Kolonie Surinam sollen bei Kämpfen gegen Rebellen im November vorigen Jahres mindestens 35 Zivilisten umgebracht haben, meldete die Menschenrechts-Organisation ‚amnesty international' in einem am Dienstag veröffentlichten Bericht.

Eine Sprecherin der Organisation sagte in Amsterdam, amnesty habe Beweise, daß bei den Zusammenstößen im Osten des in Südamerika gelegenen Landes auch viele Frauen und Kinder umgekommen seien.

Der Bericht stützt sich auf Angaben von Flüchtlingen, die amnesty im benachbarten Französisch-Guayana befragt hat. Dort hielten sich Anfang des Jahres über 6700 Flüchtlinge aus Surinam auf."

6. *Geflohen*

Schutz für politisch Verfolgte

„Eine weitere Mahnung, den Kampf gegen Menschenrechtsverletzungen fortzusetzen, ist der nicht enden wollende Strom von Flüchtlingen, die auf der Suche nach Sicherheit schon fast jede Staatsgrenze dieser Welt überschritten haben. Während die einen ihre Heimat aufgrund von Hungersnöten oder kriegerischen Auseinandersetzungen verlassen haben, wurden viele andere zur Flucht gezwungen, weil sie von Menschenrechtsverletzungen, die amnesty international im Rahmen ihres Mandats bekämpft, betroffen oder zumindest bedroht waren." Der amnesty-Jahresbericht kann diese Formulierung, für den 87er Report niedergeschrieben, sicherlich auch in den kommenden Jahren übernehmen. Millionen von Menschen versuchen weltweit, der Verfolgung zu entfliehen. Andere Regierungen reagieren mit der Abweisung der Verfolgten.

Ein typisches Einwanderungsland ist die Bundesrepublik. Bundesdeutsche Politiker leugnen diese Tatsache und sagen: „Die Bundesrepublik ist kein Einwanderungsland." Sie finden allerhand Mittel und Wege, juristische Raffinessen und neue Vorschriften, um den Artikel 16, Absatz 2 des Grundgesetzes nicht Wirklichkeit werden zu lassen: „Politisch Verfolgte genießen Asylrecht." Der Satz wurde von den Müttern und Vätern des Grundgesetzes noch unter der Erinnerung des Faschismus geschrieben. Juden, Kommunisten, Sozialisten und alle anderen, die nicht in das nationalsozialistische Arier-Bild paßten, flohen über ganz Europa, viele über den Atlantik in die USA.

Heute wird es in der Bundesrepublik für Flüchtlinge immer schwieriger, aufgenommen zu werden. Sie werden als „Asylbewerber" abgelehnt und abgeschoben. Mit Bitterkeit vermerkte die amnesty-Generalsekretärin Brigitte Erler zu dieser Abschiebepraxis: „Wer politischen Flüchtlingen keine Zuflucht gewährt, der hat das Recht verwirkt, Menschenrechtsverletzungen in anderen Ländern anzuprangern."

In der Nachkriegszeit wurden Flüchtlinge aus den osteuropäischen Ländern tausendfach aufgenommen und zum Teil politisch unterstützt. Sie hatten dieselbe Hautfarbe, dieselbe Kultur und sprachen oft sogar die „richtige" Sprache. Später kamen Menschen aus Asien, Nahost und Afrika und baten um Einlaß. Sie hatten die „falsche" Hautfarbe, die „falsche" Rassenzugehörigkeit, die „falsche" Sprache. Und viele von ihnen kamen nicht aus den ideologisch richtigen, nämlich den kommunistischen Verfolgerländern.

Sie kamen aus den außen- und militärpolitisch sogenannten „Freundstaaten", zum Beispiel aus Sri Lanka, Pakistan oder dem NATO-Partnerland Türkei. Bei ihnen endete auf einmal die Bereitschaft zur Aufnahme als Flüchtlinge. Sie wurden jetzt „Asylanten" genannt und – einer Katastrophe gleich – als „Asylantenflut" diffamiert.

In Afrika flohen Menschen aus politischen Gründen unter anderem aus Äthiopien, dem Tschad, Uganda, Äquatorial-Guinea, Angola, Zaire, Zimbabwe, Südafrika und Namibia. In Lateinamerika versuchten Bürger aus El Salvador, Guatemala, Chile, Kolumbien, Haiti und Kuba der Verfolgung durch Flucht zu entgehen. In Asien flüchteten Mitte der siebziger Jahre massenhaft Menschen aus Afghanistan und Vietnam, aus Laos und Kampuchea. In den vergangenen Jahren kam noch die Massenflucht der Tamilen-Minderheit aus Sri Lanka, der ethnischen Minderheit der Bikaris aus Bangladesh und der Karen, Kajah und der Mon aus Burma hinzu. In Europa sind es Bürger aus Polen, Rumänien, der Türkei und der UdSSR, die in den achtziger Jahren um Asyl nachsuchten. Im Nahen Osten flohen Staatsangehörige wegen Menschenrechtsverletzungen aus Irak, Iran, Libanon und Syrien. Zur Zeit gibt es etwa 15 Millionen Flüchtlinge auf der Welt. Sie flüchten aus politischen, rassischen oder religiösen Gründen, wollen Folter und Todesstrafe, politischem Mord und Mißhandlung entkommen oder dem Leiden durch Krieg, Not, Elend und Hunger entgehen.

Die meisten von ihnen suchen Nachbarländer auf. So hat Pakistan etwa drei Millionen afghanische Flüchtlinge aufgenommen, im Sudan sind Hunderttausende aus Äthiopien ange-

Flüchtlinge: Massenweise sind auch guatemaltekische Kinder vor den Massakern und politischen Morden in ihrem Land nach Mexiko geflohen.

kommen und Tausende von Guatemalteken suchten Zuflucht in Mexiko. Nur ein Bruchteil der Weltflüchtlingsbevölkerung versucht tatsächlich, in europäischen Ländern aufgenommen zu werden.

amnesty international ist keine Flüchtlingshilfeorganisation, sie versucht aber sicherzustellen, „daß Regierungen folgendes Prinzip beachten: Menschen dürfen nicht zur Rückkehr in ein Land gezwungen werden, wenn Grund zu der Annahme besteht, daß sie dort als politische Gefangene inhaftiert, gefoltert oder hingerichtet werden“.

Solche Fälle betreffen auch die Bundesrepublik, mittlerweile nicht nur vereinzelt. In der Weltpresse bekannt wurde der Fall der fünfzehn Chilenen, denen die Todesstrafe drohte. Neben diesem spektakulären Fall gab es viele andere, um die auch amnesty sich bemühte.

Eine Chilenin wurde nach einer Demonstration gegen das Pinochet-Regime verhaftet. Vor ihrer Freilassung wurde ihr eine nochmalige politische Betätigung untersagt. Das Bundesamt für die Anerkennung ausländischer Flüchtlinge in Zirndorf lehnte ihren Asylantrag ab. Begründung: „Es darf nicht übersehen werden, daß die unerlaubten Gruppenmärsche auch in der Bundesrepublik Deutschland als Störungen von Ruhe und Ordnung angesehen werden ... Die Vermeidung von Ordnungsstörungen ist besonders Bürgern solcher Staaten zuzumuten, die im Ordnungsbereich leichter zu Exzessen gelangen, als dies in ruhigen und gefestigten Demokratien der Fall ist."

Einem Türken drohte durch die in der Bundesrepublik erlassene Ausweisungsverfügung in seinem Heimatland die Todesstrafe. Er ist 1969 als Vierzehnjähriger zu seinen Eltern in die Bundesrepublik nachgereist und wurde 1983 wegen eines Drogendeliktes zu sieben Jahren Haftstrafe verurteilt. Das Oberverwaltungsgericht Lüneburg sah in der drohenden Todesstrafe kein Hindernis, den Türken auszuweisen. Begründung: „Die Todesstrafe ist zwar für die Bundesrepublik abgeschafft ... Nach der Rechtssprechung des Bundesverfassungsgerichts ... kann diese Regelung nicht als rechtsstaatlich-sittliche Grundforderung angesehen werden, welche die Bundesrepublik gegenüber ausländischen Staaten unter Diskriminierung fremder Rechtsordnungen unbedingt durchzusetzen hätte. Der Senat vermag nicht festzustellen, daß nach dem inzwischen erreichten Zivilisationsniveau die Todesstrafe eine allgemeine Ächtung erfahren hat. Nach wie vor wird die Todesstrafe auch in führenden westlichen Demokratien verhängt und vollstreckt."

Ein Angehöriger der tamilischen Minderheit ersuchte 1985 um Asyl in der Bundesrepublik. Zur Erinnerung: Hunderte von tamilischen Zivilisten waren in Sri Lanka willkürlich getötet worden, oft als Vergeltung für bewaffnete Angriffe tamilischer Gruppen. Über 300 junge Tamilen waren Opfer von „Verschwindenlassen". Tausende politisch verdächtiger Personen wurden verhaftet, viele davon ohne Gerichtsverfahren jahrelang festgehalten. Die Anwendung der Folter ist in Sri Lanka weit verbreitet.

Das Asylbegehren des Tamilen wurde am 2. September 1985 vom Bundesamt in Zirndorf abgelehnt. Begründung: „... selbst wenn das Militär aufgrund seiner Stärke und Ausrüstung in der Lage sein sollte, nicht nur jugendliche Tamilen, sondern die gesamte tamilische Bevölkerung im Norden zu disziplinieren, niederzuhalten oder schlimmstenfalls sogar zu vernichten – mit oder ohne Billigung der Staatsführung –, darf nicht verkannt werden, daß in der den Aktionen zugrunde liegenden Terroristenbekämpfung ein legitimes Ziel liegt."

Viele abgewiesene Asylanträge trifft in der Bundesrepublik die sogenannte „Dritt-Land-Klausel". Im Klartext bedeutet dies: jeder Flüchtling, der nicht im eigenen Land ein Flugzeug besteigt, mit dem er direkt in die Bundesrepublik fliegt, wird nur in besonderen Ausnahmefällen akzeptiert. Ein afghanischer Flüchtling, der bei seiner Verhaftung mit dem Tod rechnen mußte, fuhr einen Tag lang durch Pakistan, ehe er in die Bundesrepublik flog. Das politische Asyl wurde ihm hier verweigert. Er hätte schließlich auch in Pakistan bleiben können und dort ohne Furcht für Leib und Leben sich niederlassen können. Ein ghanaischer Journalist flog über Nigeria in die Bundesrepublik, um Schutz vor Verfolgung zu suchen. Auch er wurde abgelehnt – mit derselben Begründung.

Auch die Umstände der Abschiebung sind entwürdigend. Am 30. April 1987 wurde eine Iranerin, nachdem ihr Asylgesuch abschlägig beschieden worden war, von der West-Berliner Ausländerbehörde in Abschiebehaft genommen und um 12 Uhr 30 in ein Flugzeug nach Frankfurt gesetzt. Erst auf dem Rhein-Main-Flughafen erfuhr sie, wohin die Reise gehen sollte: Abflug um 15 Uhr 15 via Zürich nach Teheran. Die Begründung des Zirndorfer Bundesamtes war auch in diesem Fall nicht weniger menschenverachtend und skandalös: „Auch wenn sie ihre Auspeitschung als äußerst demütigend empfunden hat, stellt diese Maßnahme dennoch keine individuelle politische Verfolgung im Sinne des Grundgesetzes dar. Vielmehr handelt es sich dabei um eine Strafe, die zur Aufrechterhaltung der islamischen Ordnung ergriffen wurde und die in dieser oder ähnlicher Weise jede Person getroffen hätte, die eines vergleichbaren Vergehens beschuldigt worden wäre."

Bei der Bonner Regierung stehen seit der Verschärfung der Asylpraxis auch die Karten für amnesty nicht mehr so günstig. Bis zur Übernahme des Innenministeriums durch Friedrich

Zimmermann (CSU) war amnesty international in Bonn ein gerngesehener Gast, Gesprächspartner, ja sogar Ratgeber – auch wenn nicht alle Bitten und Vorstellungen in der Regierungspolitik Niederschlag fanden. Mit der Wende kam dann „ein abrupter Bruch", wie der damalige bundesdeutsche amnesty-Generalsekretär Helmut Frenz erzählt.

Vielleicht war es der engagierte Einsatz von amnesty für den Türken Kemal Altun, den Zimmermann unbedingt abschieben wollte. Ihm drohte in der Türkei die Todesstrafe. Kemal Altun sprang im August 1983 im sechsten Stock des Berliner Verwaltungsgerichts aus dem Fenster. Er wollte nicht in einem türkischen Gefängnishof exekutiert werden.

7. Erschossen

Gegen die Rüstungsexporte

Elias Barahona y Barahona weiß, wie es hinter den Mauern der guatemaltekischen Polizeieinheiten aussieht. Er war Pressesprecher des Innenministers in Guatemala bis 1980, bis dieser zurücktrat. amnesty international verdankt dem Journalisten, der heute im Untergrund lebt, wichtige Beweise für Menschenrechtsverletzungen in seinem Land. Er wußte, daß im Amt des Innenministers Briefbögen mit dem Kopf der berüchtigten Todesschwadronen „Escuadrón de la Muerte" gelagert wurden. Er sagte gegenüber amnesty aus, daß die Listen der zu eliminierenden Personen aus den Unterlagen des militärischen Geheimdienstes und der Nationalpolizei zusammengestellt wurden.

Elias Barahona y Barahona bereiste 1985 die Bundesrepublik, auf Einladung zahlreicher Solidaritätsgruppen, die mit ihm über die Menschenrechtssituation und die politische Lage in Guatemala sprechen wollten. In Mainz ruhte er sich bei Freunden aus, die Guatemala von Entwicklungshilfe-Einsätzen kennen. Gefragt, woher denn das Innenministerium und die Sicherheitsdienste die elektronischen Anlagen und Computer für die Vorbereitung dieser Menschenrechtsverletzungen beziehen, wurde er ganz stumm. Mit einer vielsagenden Handbewegung deutete er auf das Land, in dem er gerade zu Gast ist. Und außerdem wolle er die Bundesrepublik auch ganz gerne heil wieder verlassen, murmelte er hinterher.

Das Thema Rüstungsexporte, dazu gehören auch militärelektronische Anlagen und Kommunikationsgeräte, rückt die Menschenrechte besonders nahe, vor allem in einem Land wie der Bundesrepublik, das zu der Spitzengruppe der Rüstungsexporteure auf der Welt gehört. Das Thema ist allerdings auch besonders heikel und wird oft heftig abgewiesen, denn es behandelt wie kaum ein anderes die Verantwortung des eigenen Staates für die Menschenrechtsverletzungen, die weit weg auf anderen Kontinenten begangen werden.

Auch amnesty international erlebte heftige Auseinandersetzungen um das Thema Rüstungsexport. Einige Mitglieder schlossen sich in dem „mec-Arbeitskreis" zusammen, der sich mit dem „militärisch-industriellen Komplex" (military-economical complex) befaßte. Die mec-Leute wollten eine Ausdehnung des amnesty-Mandats. amnesty international sollte nicht nur an die Regierungen appellieren, die direkt Menschenrechtsverletzungen begehen, sondern auch jene Regierungen anprangern, die für die Werkzeug-Lieferungen verantwortlich sind. Eine Mehrheit der amnesty-Mitglieder wandte sich jedoch gegen eine zu weite Ausdehnung des „Mandats". Die bundesdeutsche Jahresversammlung einigte sich deshalb auf eine beschränkte Einbeziehung des Themas in die amnesty-Arbeit. Als Ergebnis legte amnesty im Mai 1986 einen Bericht mit dem Titel „Rüstungsexporte und Menschenrechte" vor, als erstes – und zunächst letztes – Mittel zur öffentlichen Aufklärung.

„Manchmal benutzen menschenrechtsverletzende Regierungen", so formulierte die bundesdeutsche ai-Sektion in der Broschüre, „Material oder profitieren von dem Wissen (z. B. durch Ausbildung vermittelt), das von anderen Ländern zur Verfügung gestellt wurde. In solchen Fällen wendet sich amnesty international nicht nur an die Menschenrechte verletzenden Regierungen selber, sondern fordert die anderen Regierungen auf, keine Mittel zur Verfügung zu stellen, die die Menschenrechtsverletzungen ermöglichen. amnesty international versucht dieses Ziel unter anderem dadurch zu erreichen, daß sie sich gegen internationale Transfers von Waffen, Ausrüstung und Knowhow für Militär, Polizei oder Sicherheitskräfte eines bestimmten Landes wendet, wenn sie glaubt, daß diese Transfers im Empfängerland zu Menschenrechtsverletzungen innerhalb ihres Mandats beitragen."

Bundesdeutsche Regierungspolitiker, ob sozialliberal oder christliberal, beteuerten stets, keine Waffen in „Spannungsgebiete" zu liefern. Damit soll der Eindruck vermittelt werden, daß die Empfängerländer nach humanen und politischen Kriterien ausgesucht würden: ob sie in Kriege oder sogenannte Bürgerkriege verwickelt seien, ob in den Ländern Menschenrechte verletzt würden. Tatsächlich jedoch wird Rüstung mit Billigung der Regierung in „Freundstaaten" geliefert, fein säuberlich unterschieden nach NATO-Ländern, „NATO-ähnlichen" Ländern und gleichwertigen Staaten. Der Begriff „Spannungsgebiet" ist nur in rechtlich minderwertigen „Grundsätzen" genannt und hat keine wirkliche Bedeutung für die Entscheidung des Bundesamtes für gewerbliche Wirtschaft in Eschborn bei Frankfurt, das für die Genehmigung sämtlicher Ausfuhren zuständig ist. Es orientiert sich dabei an einer „Ausfuhrliste", die vom Außenwirtschaftsgesetz vorgeschrieben ist, in der detailliert alle in Frage kommenden Stoffe, Gegenstände, Werkzeuge und Materialien bis hin zu kompletten Waffen aufgeführt und stets aktualisiert werden. Auch die Vergabe von Lizenzen, Konstruktionsplänen usw. in ein anderes Land oder die Lieferungen über Firmen in Drittländern sind mit einer „Endverbleibserklärung" rechtlich exakt genehmigt. Die Regierung hat also hinreichend rechtliche Möglichkeiten, um „illegalen" Rüstungsexporten zuvorzukommen.

Das Sturmgewehr G3 ist so etwas wie eine bundesdeutsche „Wunderwaffe", ähnlich dem allseits beliebten „Leopard 2"-Panzer. Mit diesem Gewehr sind Polizei- und Sicherheitskräfte, Soldaten und Wachmannschaften rund um die Welt ausgerüstet. Es ist einer der größten Exportschlager der bundesdeutschen Nachkriegszeit. Die in der Waffenschmiede „Heckler &

Das weltweit bekannte G3-Gewehr von Heckler & Koch – Werkzeug für Menschenrechtsverletzungen?

Koch“ im schwäbischen Oberndorf hergestellten Maschinengewehre gehören zur Standardausrüstung von elf lateinamerikanischen Ländern: Bolivien, Brasilien, Chile, Dominikanische Republik, El Salvador, Guyana, Haiti, Kolumbien, Peru. In Mexiko wird das Gewehr sogar in Lizenz auf eigenen Anlagen produziert. Vierzehn Empfängerländer wurden in Asien gezählt: Bangladesh, Brunei, Burma, Indonesien, Iran, Jordanien, Katar, Malaysia, Pakistan, Philippinen, Saudi-Arabien, Thailand, Vereinigte Arabische Emirate. Fünf dieser Länder produzieren ebenfalls selbst. In Afrika sind es gar fünfzehn Länder, in denen mit dem G3 geschossen wird.

In Thailand gehören Maschinenpistolen von „Heckler & Koch“ vom Typ „MP5 SD2“ zur Ausrüstung der Scharfrichter für die Exekution der Todesurteile. Die Waffen wurden am 16. April 1984 im Hochsicherheitsgefängnis Bang Khwang installiert. Allein 1986 wurden nach den Berichten, die amnesty erhalten hat, fünf Todesurteile vollstreckt und mindestens 26 Personen zum Tode verurteilt.

Nach Guatemala wurden Kleinwaffen und Munition geliefert. In einem offenen Brief an den damaligen Bundeskanzler Helmut Schmidt forderte amnesty 1980 die Einstellung dieser Lieferungen: „Angesichts dieser Tatsache, daß in Guatemala systematisch die Menschenrechte verletzt werden, hat amnesty international zur Kenntnis nehmen müssen, daß auch aus der Bundesrepublik Deutschland Waffen nach Guatemala geliefert werden, deren Ausfuhr vom Bundesministerium für Wirtschaft ausdrücklich genehmigt worden ist. Wie uns das Bundesministerium für Wirtschaft auf Anfrage mitgeteilt hat, sind lediglich leichte Handfeuerwaffen (z.B. Pistolen) und Munition genehmigt worden." Mit den „lediglich leichten Handfeuerwaffen" wurden vermutlich nicht wenige von insgesamt 5000 Menschen getötet, die zwischen 1978 und 1980 in dem mittelamerikanischen Land ohne Haftbefehl festgenommen wurden. In vielen Fällen sind die Opfer nach amnesty-Informationen durch Kopfschuß umgebracht worden.

Bei einem Freundschaftsbesuch in Peru konnten 1979 deutsche Polizeibeamte Panzerfahrzeuge der Firma „Rheinstahl" beim Einsatz gegen Streikende beobachten. Der Polizeiinspekteur Heinrichs berichtete in der Zeitschrift „Bereitschaftspolizei heute" über seine Reiseerlebnisse: „Von Lima wollten wir mit dem Bus nach Cuzco im Hochland fahren. Man riet uns wegen der Streiks ab. Die Minenarbeiter und die Lehrer streikten, wie schön für die Schulkinder. Die Auswirkungen waren auch in der Stadt zu sehen, überall standen Polizei- und Sonderwagen, UR 416, ein deutsches Fabrikat."

Der für die Schulkinder so schöne Streik forderte mindestens 30 Todesopfer und Hunderte von Verletzten.

Der UR 416 ist ein Transportpanzer, auf einem Fahrgestell des Daimler-Unimog mit einem Panzeraufbau von Rheinstahl. 1979 erhielt auch El Salvador, damals ein Land mit grausamsten Menschenrechtsverletzungen, zwanzig dieser Panzerfahrzeuge. In den Iran unter dem Schah-Regime lieferte die bundeseigene ‚Fritz Werner-Industrieausrüstungs-GmbH' aus Geisenheim

Bundesdeutsche Rüstungsexporte nach Peru: Mit Panzerfahrzeugen wurde die Zivilgarde ausgerüstet.

am Rhein im November 1978 15216 Handschellen und 300 Elektroschlagstöcke. Zu diesem Zeitspunkt befand sich der oppositionelle Protest gegen den Schah schon auf dem Höhepunkt. 400000 Menschen nahmen an einem Tag an Demonstrationen in Teheran teil. Tausende wurden damals verhaftet und zum Teil in die Folter-Gefängnisse des Regimes gesteckt. Die ‚Fritz Werner-Gesellschaft' liefert ganze Waffenfabriken ins Ausland, „Industrieanlagen" genannt. Ein Zwei-Milliarden-Projekt dieser Art wurde noch zur Schah-Zeit im Iran begonnen.

Die politische Verantwortung für die Geschäfte dieser Firma ist klar: über das Bundesunternehmen „Deutsche Industrieanlagen AG“ (DIAG) kontrolliert der Verwaltungsrat der Kreditanstalt für Wiederaufbau die Tätigkeit des Bundesunternehmens. In diesem Gremium sitzen Vertreter von fünf Bundesministerien.

Nicht nur die Rüstungslieferungen der Unternehmen unterstützen die Menschenrechtsverletzungen in den Ländern der Dritten Welt. Auch über die „Ausrüstungs- und Ausbildungshilfe“ wird vielfach „Entwicklungshilfe“ für Streitkräfte, Polizei- und Sicherheitsdienste geliefert. Soldaten und Polizisten werden in bundesdeutschen Kasernen und Polizeieinheiten ausgebildet, an modernem Gerät unterwiesen, in moderne Strategien eingewiesen. Von Motorrädern über Unimogs bis hin zu Druckereien und Blutbanken finanziert die Bundesregierung die Ausrüstung fremder Armeen und Sicherheitsdienste. „Die Ausrüstungshilfe dient der Unterstützung befreundeter Staaten in Afrika und Asien beim Aufbau von Sicherheitskräften.“ Daran hat sich auch seit dieser Regierungsaussage im „Weißbuch 1970“ nicht viel geändert. Unvermindert wird diese Hilfe geleistet, als freundliche Aufmerksamkeit für gute Beziehungen verstanden.

Ein Empfängerland solcher Hilfeleistungen war das mittelamerikanische Land Honduras. Telekommunikationsgerät im Wert von zwei Millionen Mark wurde geliefert. In der Beantwortung einer parlamentarischen Anfrage rechtfertigte die Regierung ihr Vorgehen: „Honduras ist nach der Wiederherstellung der Demokratie besonders an der Kontrolle seiner Grenzen interessiert, um einen Übertritt der salvadoreanischen Guerilla auf sein Staatsgebiet und damit eine krisenhafte Entwicklung im eigenen Land zu vermeiden. Dies ist legitimes Anliegen eines jeden Staates. Die Verbesserung des honduranischen Fernmeldewesens würde zu einer verbesserten Grenzüberwachung beitragen, die auch der größeren Sicherheit der Flüchtlinge in Honduras dient.“

Am 14. Mai 1980 riegelte die honduranische Armee den Grenzfluß Sumpul nach El Salvador ab. Mit Megafonen wurden salvadoreanische Flüchtlinge gewarnt, die Grenze zu überschreiten. Auf der anderen Seite begann derweil das Massaker. Hubschrauber, die Guardia Nacional, Soldaten und die paramilitärische Organisation ORDEN schossen auf die wehrlosen Flüchtenden. Frauen wurden gefoltert, ehe sie den Gnadenschuß erhielten. Kleinkinder wurden als Zielscheiben in die Luft geworfen. Salvadoreaner, die es schafften, den Fluß zu durchqueren, wurden von den honduranischen Soldaten zurückgebracht – bis das Morden ein Ende hatte. Mindestens 600 Tote blieben zurück. Der ganze Fluß war durch die Leichen verseucht, weil sie nicht beerdigt wurden.

An dem Grenzfluß Lempa wurden auf ähnliche Weise 200 Menschen ermordet.

Auch in der britischen amnesty-Sektion wurde der Rüstungsexport zum Thema der Menschenrechtsarbeit. Eine Broschüre mit dem Titel „The Repression Trade“ (Der Repressionshandel) dokumentierte 1981 die Lieferungen britischer Kommunikationselektronik an das Schreckensregime des Idi Amin in Uganda. Diese Gewaltherrschaft, wie kaum eine andere zum Symbol für brutale Unterdrückung und Menschenrechtsverletzungen geworden, wurde mit Militärelektronik der britschen „Pye Telecommunication“ ausgerüstet. Empfänger der Lieferungen war das berüchtigte „State Research Center“ (Staatliches Forschungszentrum) in Uganda, das nach einer amnesty-Schätzung in den acht Jahren der Amin-Herrschaft zwischen 100000 und 500000 Menschen getötet hatte.

Doch unbeirrt lieferten die Elektronik-Firma und andere konkurrierende Unternehmen fleißig weiter, auch als Uganda in Zahlungsschwierigkeiten steckte. Die Rüstungsbetriebe lehnten die moralische Verantwortung für ihre Exporte ab. Nicht einmal der Mord an einem Firmenvertreter, der von Agenten des „State Research Center“ zu Tode geprügelt wurde, weil er angeblich schlechte Ware geliefert hatte, konnte die Verkäufe stoppen. Auch Proteste im britischen Parlament blieben ohne Erfolg.

Premierministerin Margaret Thatcher selbst erklärte vor den Abgeordneten, daß sie die amnesty-Forderung nach Überwachung und Beschränkung des Handels ablehne. Denn es würde den „Handel und die Beziehungen zu anderen Ländern spürbar beeinträchtigen".

Außenminister Lord Carrington machte die Linie der konservativen britischen Regierung noch deutlicher. Im Sommer 1980 erklärte er, daß die Waffenverkäufe nach Chile fortgesetzt würden, einen Monat später verkündete er ein Verbot für Rüstungsexporte nach Grenada. Der Grund: die Karibik-Insel erlebte eine Revolution, eine sozialistische Regierung kam an die Macht. Außenminister Carrington erläuterte ganz offen die Linie der Rüstungsexportpolitik: „Es ist unsere Politik, Waffen an unsere Freunde zu liefern – und an die, die wir ermutigen wollen, sich zu verteidigen." Dem Sozialismus auf der kleinen Insel wurde 1984 durch die Invasion der US-Armee ein Ende gesetzt. Seitdem gibt es wieder Todesurteile – bis Ende 1986 insgesamt siebzehn – und unfaire Gerichtsverfahren. Grenada ist jetzt wieder „Freundstaat".

amnesty-Generalsekretärin Brigitte Erler fragte im Juli 1985 den Bundeskanzler nach Rüstungsexporten. Sie sprach die Lieferungen der MP5-Maschinenpistolen für das thailändische Hinrichtungs-Gefängnis in Bangkok an und stellte detaillierte Fragen: Wer gab die Genehmigung? Wer war der Empfänger? War die Verwendung der Bundesregierung bekannt?

Ministerialdirektor Horst Teltschik, außenpolitischer Berater Helmut Kohls im Bundeskanzleramt, schrieb am 22. August 1985 einen Brief, der die Antwort schuldig blieb: „Rüstungsexporte vertragen, wie auch die Praxis anderer Länder zeigt, nur ein begrenztes Maß an Publizität." Ansonsten gab er nur Allgemeinplätze zum besten: „Entscheidungen über die Ausfuhr von Wehrmaterial werden ... im Lichte der besonderen Bedingungen jedes Einzelfalls sehr sorgfältig abgewogen. Die Bundesregierung hält sich dabei strikt an die Vorschriften des Kriegswaffenkontrollgesetzes und Außenwirtschaftsgesetzes sowie an die politischen Grundsätze für den Rüstungsexport vom 28. April 1982".

Am 23. September 1983 forderte Bundesaußenminister Hans-Dietrich Genscher vor der UNO einen gewaltigen Schritt zur

Änderung der Rüstungsexportpolitik: „Der internationale Waffentransfer muß erfaßt und transparent werden. Ich habe daher vorgeschlagen, in den Vereinten Nationen ein Register der weltweiten Waffenexporte und -importe einzurichten. Dies wäre ein wichtiger Schritt zu einer weltweiten Politik der Eindämmung der Rüstungsexporte."

Wie wäre es, wenn die Bundesrepublik schon einmal damit beginnt?

III. Wie funktioniert amnesty?

1. IS, JV, BSK und die Kogruppe

Einstieg in den amnesty-Dschungel

Bezirksversammlung in Düsseldorf, April 1988, 20 Uhr. In der Schule im Norden der Landeshauptstadt treffen sich die Vertreter von amnesty-Gruppen aus dem Bezirk. Sie kommen aus Düsseldorf und Orten der Umgebung, bis hinüber nach Neuss auf der anderen Rheinseite. Der Klassenraum, mit Schulmöbeln ausgestattet, ist zugleich Büro und Sprechzimmer. amnesty-Plakate hängen an der holzgetäfelten Wand, Regale sind mit amnesty-Broschüren, Büchern und aufgestapelten Spendendosen gefüllt. Etwa zwanzig Mitglieder im Alter zwischen zwanzig und siebzig sind gekommen, die meisten von ihnen schon länger im amnesty-„Geschäft". Sie kennen schon die zahlreichen Abkürzungen, wie sie sich in allen großen Organisationen einschleichen: BSK für Bezirkssprecherkonferenz, JV für Jahresversammlung, Kogruppe für Koordinationsgruppe, IS für Internationales Sekretariat usw.

Auch typisch für viele Vereins- und Gruppensitzungen ist der Beginn der Veranstaltung. „Wer macht heute das Protokoll?" wird gefragt. Fünf Minuten vergehen, bis die Sache geklärt ist. Unterschriftenlisten werden herumgereicht. Es geht um Menschenrechtsverletzungen in Syrien. Ein Mitglied verteilt Briefkuverts und Zettel. 250 Kuverts müssen während der Sitzung gefüllt werden, damit die Gruppenvertreter sie nach Ende der Sitzung mit „nach Hause“ nehmen können. Es ist eine Aufklärungsaktion über „40 Jahre Menschenrechtserklärung“. In den Schulen sollen die Briefe den Lehrern in ihre Fächer gelegt werden.

Organisatorisches wird besprochen. Zum selben Thema ist eine amnesty-Ausstellung im Landesmuseum geplant. Wie eröffnen? Wie lange? Wie viele Tafeln? Neue Ideen kommen hinzu. Warum nicht den Düsseldorfer Briefmarken-Verein animieren, eine Ausstellung zum Thema zu machen, zum Beispiel mit Briefen aus dem Gefängnis?

Helmut Hegeler übernimmt die Diskussionsleitung. Er hat viel Routine in der Abwicklung solcher Organisationsfragen und auch die notwendige Geduld für manchmal fruchtlose Debatten in den Versammlungen. Mit Birkenstock-Sandalen, Sportjacke und Freizeithose, auf dem Tisch eine Flasche Bier und eine Pfeife, erinnert er eher an einen Lehrer, den GEW-Typ mit Friedenstaube auf dem Mittelklassewagen.

Helmut Hegeler ist Unternehmer, Geschäftsführer eines Speditionsbetriebes. Sein amnesty-Engagement macht auch vor dem Schreibtisch in der Firma nicht halt. Von dort führt er Telefonate in Sachen amnesty, schreibt Briefe für die Organisation. Sein Fernschreiber empfängt auch regelmäßig Telegramme der „urgent-action“-Eilaktion aus dem Bonner ai-Büro für Fälle, in denen schneller öffentlicher Druck notwendig ist. Sein „Stift“ im Büro bearbeitet dann die englischsprachigen Telex-Schreiben und schickt sie mit einer individuellen Formulierung ab: an Präsidenten und Oberste Richter, an Innenminister und Staatsoberhäupter. Mit wenigen Zeilen bittet er sie um Aufschub einer Todesstrafe oder um Aufklärung über einen Verschwundenen. In solchen Fällen helfen oft nur noch eilige Appelle, die aus der ganzen Welt eintreffen.

„Das läuft so mit durch“, erzählt der Unternehmer, als sei es eine reine Selbstverständlichkeit. Selbst seine Kunden und Geschäftspartner kommen nicht an amnesty vorbei. Sein Heizöl-

Lieferant macht jetzt auch „urgent action"-Telegramme: „Ich wußte, daß der das vielleicht macht. Außerdem will der ja nicht den dicken Auftrag verlieren ..."

Ganz unterschiedlich sind die Leute, die in diesem Schulraum sitzen. Sie sind nicht politisch und nicht beruflich einzuordnen. Vier davon sind im jugendlichen Alter, darunter drei Frauen. Was sie zusammenhält und was ihnen gemeinsam ist? Es ist wohl nur das Herz für die Menschen, denen Unrecht angetan wird, die auf einem anderen Kontinent entsetzlich leiden. Wie Helmut Hegeler stellen sie ihre Freizeit, oft auch ihre beruflichen Kenntnisse oder Sprachwissen für die amnesty-Arbeit zur Verfügung. Wie zum Beispiel die Buchhändlerin in der Düsseldorfer Bezirksversammlung. Sie erklärt den anderen Mitgliedern, wie Buchhandlungen dazu bewegt werden können, eine Schwerpunkt-Ausstellung im Laden oder gar im Schaufenster zum Thema Menschenrechte zu realisieren, und räumt mit naiven Vorstellungen auf, diesen Plan ins Weihnachtsgeschäft zu verlegen.

Oder Peter, der älteste Teilnehmer in der Versammlung. Er ist ein Fachmann in den Fragen von Asyl-Anerkennungsverfahren geworden. Er berät Asylsuchende, die durch irgendeinen Kontakt den Rat von amnesty international suchen. „Die meisten sind keine amnesty-Fälle", also von Menschenrechtsverletzungen bedrohte Flüchtlinge. „Wenn da einer kommt, der vom Zoll wegen ein paar Kilo Haschisch festgenommen wurde und jetzt einsitzt – da können wir nicht helfen." Aber grundsätzlich werden erst einmal alle angehört, wenn sie zu amnesty kommen. Sie werden dann an andere Beratungsorganisationen oder helfende Institutionen vermittelt.

Ein „amnesty-Fall", von dem Peter berichtet, sollte in die Türkei zurückgeschickt werden. Der Kurde hatte sich dort politisch betätigt und konnte dies – ein großer Glücksfall für den Asylbewerber – auch mit Dokumenten belegen.

Helmut Hegeler spricht bei den Gruppenvertretern ein ernsthaftes Problem an. Der Zustrom neuer Mitglieder läßt nach. Während vor Jahren die Organisation sich kaum noch neuer Interessenten erwehren konnte und kaum genügend Adoptionsfälle aus London herbeigeschafft werden konnten, „nagen einige Gruppen heute schon am Hungertuch".

In den siebziger und Anfang der achtziger Jahre war der Andrang sehr groß, doch jetzt gehen viele „junge Leute, die etwas tun wollen, gleich zu den Grünen oder zu Solidaritätsgruppen".

Helmut Hegeler macht seit Jahren Informationsabende für Interessierte, die sich am Info-Tisch, am Telefon oder mit Briefen melden. Diese ersten Kontaktgespräche wurden früher ganz bewußt als „Interessenten-Schleusen" betrachtet, um die „Spreu vom Weizen" zu trennen. Die Gruppen wollten nicht mit zu vielen „Neuen" belastet werden, die „was tun wollen", aber nach ein paar Wochen den Mut verlieren. Ihnen erzählte Helmut Hegeler stets, daß amnesty eine harte, mühsame, zeitraubende Arbeit ist, die viel Frustration bedeuten kann und viel Geduld erfordert. Wer dann immer noch bleiben wollte, mußte erst einmal ein paar Wochen warten, bis er einer Gruppe zugeteilt war. „Das waren stabile Leute", erzählt Heinz aus seinen Gruppenerfahrungen. „Die Neuinteressenten in den letzten Jahren haben aber oft enttäuscht, manche sind sang- und klanglos einfach weggeblieben." Der Frust ergreift auch die „Alten", die dann die ganze Arbeit allein übernehmen müssen.

Heinz fragt die Interessenten auch nicht mehr wie früher nach ihren Motiven: „Da kommt nur Gedruckse, das ist ganz diffus. So Sachen wie ‚Ich will meinen Lebensstil ändern' werden da geäußert. Diese peinliche Situation haben wir aufgegeben."

amnesty international muß sich mit einer veränderten politischen Kultur vertraut machen. Die Kinder der politischen Wende der achtziger Jahre tragen andere Moden und sind von einem neuen „Zeitgeist" ergriffen. Jutetaschen mit amnesty-Aufkleber gehören nicht mehr zu den vorzeigbaren Umhängseln. Sie sind nicht alle „yuppies", aber dennoch nicht mehr mit dem Muff von langweiligen Vereinssitzungen, Polit-Kürzeln und den Moden ihrer Lehrer-Generation zu begeistern. Großen Organisationen, nicht nur den etablierten Parteien, stehen sie oft feindlich gegenüber, engagieren sich lieber in kurzfristigen Projekten oder Ein-Punkt-Bewegungen wie dem Volkszählungsboykott.

Nach Hausbesetzer- und Friedensbewegung sind viele kritische Jugendliche zu den Grünen gegangen – und dort geblieben.

Wie andere Parteien und Organisationen muß sich jetzt auch amnesty um den Nachwuchs sorgen, um ihn werben. ai hat es dabei immer noch besser als zum Beispiel die Sozialdemokratische Partei oder die Gewerkschaften, deren Image bei der Jugend in den Keller gesunken ist. Das Ansehen von amnesty ist nach wie vor groß, auch bei Jugendlichen.

Viel organisatorischer „Kleinkram" wird auf der Düsseldorfer Bezirksversammlung besprochen, bis die Versammlung um 22 Uhr endet. „Ganz kurz, zum Schluß" macht eine Gruppenvertreterin eine freudige Mitteilung: „Unser Gefangener hat jetzt fünf Jahre erlassen bekommen. Die Strafe wurde von lebenslänglich zuerst auf 30 geändert. Jetzt hat er immer noch fünf Jahre."

2. London, Easton Street No. 1

Der Apparat

amnesty international ist, fast drei Jahrzehnte nach der Gründung durch eine Handvoll britischer Liberaler, zu einer weltweiten Bewegung geworden. Die internationale Organisation wird von einem riesigen Apparat zusammengehalten, der in seiner Größenordnung durchaus etablierten Institutionen vergleichbar ist. Eine halbe Million Menschen sind weltweit Mitglied bei amnesty international, verteilt rund um den Erdball. In 44 Ländern gibt es Sektionen, zum Teil mit Büros, die die Arbeit von insgesamt 3744 Adoptionsgruppen in 55 Ländern koordinieren und betreuen. In insgesamt 150 Ländern gibt es Abonnenten, Förderer oder Mitglieder.

Der Menschenrechts-Multi hat seit Bestehen über 30000 gewaltlose politische Häftlinge in aller Welt betreut. Allein 4247 Gefangene wurden 1986 adoptiert oder für eine mögliche Adoption untersucht. 1792 neue Fälle wurden im Lauf dieses Jahres aufgenommen, 1952 wurden abgeschlossen. Fast 400 Eilaktionen wurden in diesem Berichtsjahr für etwa 2000 Menschen in 73 Ländern in Gang gesetzt; 142 von ihnen wurden gefoltert, acht waren in ihrer Haft in einen kritischen Gesundheitszustand geraten und benötigten dringend medizinische Hilfe. In 80 Fällen von willkürlicher Festnahme oder unfairer Behandlung wurde die Eilaktion angewendet, 62 betrafen „Verschwundene" oder extralegale Hinrichtungen. 75 Menschen wurden auf diese Weise unterstützt, weil ihnen die Vollstrekkung der Todesstrafe drohte.

Zwischen Januar und Dezember 1986 sind amnesty-Mitarbeiter und andere Delegierte auf 55 Missionen unterwegs gewesen, um Prozesse zu beobachten, bei Regierungen vorzusprechen oder Gefängnisse zu besuchen. Die erste Mission des Jahres ging nach Paraguay, die letzte in die Tschechoslowakei.

Das Herzstück dieser Organisation ist das Zentralbüro in der Londoner Easton Street No. 1 mit dem jetzigen Generalsekretär Ian Martin, einem Briten. Etwa 250 hauptamtliche Mitarbeiter sind dort beschäftigt. Sie sammeln Informationen über Menschenrechtsverletzungen, überprüfen und übersetzen Berichte, erstellen Reporte und Pressemeldungen, koordinieren und betreuen Kampagnen, Gruppen und Aktionen, halten Kontakt zu den nationalen Sektionen.

Acht Beschäftigte arbeiten direkt für den Generalsekretär, achtzehn verwalten im Dokumentations-Zentrum die Publikationen und Materialien von amnesty, über 40 kümmern sich in einer Abteilung um Kampagnen und die Koordinierung der weltweiten Mitgliedschaft. Die Presse- und Publikationsabteilung zählt 25 Mitarbeiter, die Verwaltungs- und Finanzabteilung über 30 Angestellte. Doch die bei weitem größte Abteilung ist das „Research Department", der Recherche- und Ermittlungsstab der Organisation. Dort werden die Informationen über die Gefangenen zusammengetragen und Nachrichten über Menschenrechtsverletzungen bewertet, überprüft und weitergereicht.

Nach fünf geographischen Abteilungen, Afrika, Asien, Amerika, Europa und Mittlerer Osten, aufgeteilt, recherchieren jeweils sechs bis acht Teams, die je zwei bis neun Länder betreuen. Jedes Team besteht aus einem „Researcher" (Ermittler), einem Assistenten und einem Sekretär. Für jede Region gibt es einen „Head of Region" (Regionalchef), der die Arbeit der Teams kontrolliert und koordiniert. Die ganze Research-Abteilung wird wiederum von einem „Head of Research" geleitet.

Tracy Ulltveit ist Researcherin für Lateinamerika. 1971 meldete sie sich auf ein Stelleninserat bei ai für diesen Job. Die Amerikanerin machte ihren Universitäts-Abschluß in „Internationale Beziehungen" mit dem Spezialgebiet Lateinamerika. Danach machte sie noch den Doktortitel in Ökonomie und arbeitete eine Zeitlang in London in der Wirtschaft. Tracy erinnert sich an die erste Zeit bei amnesty. „Als ich hier zu arbeiten begann, war alles viel kleiner. Meine Research-Verantwortung schloß damals noch ganz Lateinamerika mit Ausnahme von Mexiko sowie Portugal und Portugiesisch-Afrika ein. Heute umfaßt mein Gebiet noch Belize, Costa Rica, El Salvador, Guatemala und Panama."

Mike Dottridge ist der „Head of Region" (HOR) für ganz Afrika. Den leitenden Job erhielt er nach einer langen Recherche-Erfahrung. Der britische Absolvent der Politikwissenschaft mit Schwerpunkt Afrika und Lehrtätigkeit an einer Universität in Nigeria wurde 1977 Assistent in einem Ermittler-Team für immerhin 30 französischsprachige Länder in Afrika. 1979 wurde er dann als Researcher Teamchef für Zentralafrika.

Mike Dottridge beschreibt die Arbeitsteilung in den Teams: „Wenn ein Researcher an fünf bis sechs Ländern arbeitet, delegiert er vielleicht ein oder zwei an seinen Assistenten. Im großen und ganzen ist der Researcher jedoch für das Sammeln der Informationen verantwortlich und beauftragt dann den Assistenten, gewisse Leute zu kontaktieren oder verschiedene Details abzuklären. Der Assistent wiederum ist dafür zuständig, daß jene Informationen vorbereitet werden, welche an die ai-Mitglieder gehen."

Bei der Ermittlungsarbeit gibt es jedoch große regionale Unterschiede. In den Ländern Lateinamerikas oder einem Staat wie den Philippinen existieren politische Strukturen, wie sie auch in westlichen Demokratien bekannt sind: Parteien, Gewerkschaften, Kirchen, Standesorganisationen, Journalisten- und Juristenvereinigungen und auch nationale Menschenrechtsorganisationen. Außerdem werden dort Weltsprachen gesprochen, die die Übermittlung von Informationen erleichtern.

Anders ist das in Ländern wie China oder Kampuchea. Überall dort, wo Regierungen sich von der Weltöffentlichkeit abschneiden, können Menschenrechtsverletzungen im geheimen geschehen. Pressezensur und politische Repression verhindern kritische Berichte, die im Ausland gelesen werden könnten.

„Wir haben beinahe einen Überfluß an Informationen über Lateinamerika", meint die Researcherin Tracy. Eine große Auswahl von Zeitungen wird von Freiwilligen in der Bibliothek des Londoner Hauptquartiers gelesen und für die Ermittler aufbereitet. Ein Fernschreiber der großen britischen Nachrichtenagentur „Reuter", die ein dichtes Korrespondentennetz über die ganze Welt verteilt hat, liefert den ganzen Tag über Nachrichten und Meldungen, die auf Menschenrechtsthemen geprüft werden. Tracy Ulltveit: „Zudem haben wir eine Menge von Abmachungen mit Journalisten, die für uns arbeiten. In Frankreich bearbeitet beispielsweise ein ehemaliger ai-Angestellter das gesamte Material der Agence France Presse, das gleiche geschieht auch in Spanien." In den betroffenen Ländern selbst gibt es „Kontaktpersonen", die offen oder vertraulich zahlreiche Informationen liefern, von Zeitungsausschnitten bis hin zu konkreten Hinweisen. Dabei sind auch ausländische Diplomaten, Mitglieder internationaler Hilfsorganisationen oder auch die Familien der Betroffenen, manchmal die Opfer selbst. Eine wichtige Quelle für Tracy sind Informationen aus der amerikanischen Sektion, „weil es in den USA viele Flüchtlinge aus Zentralamerika gibt, die von der Sektion interviewt werden können".

Ein großes Problem sind die Fehler in den übermittelten Informationen und – noch schlimmer – bewußte Falschinformationen. Seitdem Menschenrechtsfragen immer mehr auch Argumente der politischen Auseinandersetzung geworden sind und in der Weltöffentlichkeit als Maßstab betrachtet werden, gibt es zunehmend auch unzuverlässige „Informationsquellen". Es sind Mitglieder von Befreiungs- und Exilorganisationen, die bewußt übertreiben, um ihren politischen Forderungen Nachdruck zu verleihen. Es sind aber auch Desinformations-Profis, die das Geschäft der Falschinformation geschickt und mit viel Geld betreiben: Geheimdienstler, Propaganda-Fachleute, „Diplomaten" und Public-Relations-Agenten. Im Dienst von Regierungen vertuschen sie Menschenrechtsverletzungen des eigenen Landes oder versuchen die eines anderen Landes mit falschen Dokumenten zu belegen. Dabei schrecken sie auch nicht vor plumpen Fälschungen zurück, wie im Falle eines Fotos über angebliche Hinrichtungen im Iran, das im Hintergrund nicht die persischen Schriftzeichen, sondern arabische Schriftzeichen zeigte.

amnesty international versucht, durch eine gründliche Kontrolle und Überprüfung solchen fehlerhaften Quellen auf die Schliche zu kommen. Ein Grundsatz wurde von Anfang an strikt durchgehalten: amnesty geht erst mit Informationen in die Öffentlichkeit und adoptiert einen Gefangenen erst dann, wenn mindestens zwei unabhängige Quellen existieren. Zum Beispiel wird ein Fall akzeptiert, wenn Familienangehörige berichten und – vielleicht erst Monate später – ein entlassener Mithäftling über den Gefangenen berichtet. Das Verfahren ist zeitraubend, aber verhindert häufige kurzentschlossene Entscheidungen, die nicht auf Tatsachen beruhen. Diese Arbeitsweise verhalf amnesty international zu hohem Ansehen, bei Juristen und Regierungsangehörigen wie bei Journalisten und Wissenschaftlern. amnesty-Informationen gelten deshalb als „seriös" und werden oft als offizielle Dokumente zur Beurteilung der Menschenrechtssituation in einem Land genutzt.

Kritik wurde in den Sektionen und Gruppen oft laut, weil die Prüfungsprozeduren zu langwierig und der Apparat zu schwerfällig seien. Tracy Ulltveit benennt die Probleme der Zentrale am Beispiel der Delegationen: „Bei der letzten Mission nach El Salvador dauerte es beispielsweise neun Monate, bis wir endlich das Visum erhielten." Regierungen versuchen oft, mit allen Möglichkeiten die Arbeit der Menschenrechtsorganisation zu behindern oder zu verzögern. Dann müssen Persönlichkeiten gefunden werden, die die Delegation leiten sollen: sprachkundige, angesehene Frauen und Männer, die ein diplomatisches und politisches Gewicht haben. Nach Guatemala wurde zum Beispiel ein holländischer Admiral geschickt, der amnesty-Mitglied ist, um Gespräche mit Militärs zu führen. Für Ermittlungen über Menschenrechtsverletzungen an Gewerkschaftsmitgliedern wurde ein Vertreter der internationalen Gewerkschaftsbewegung aus Genf in eine Delegation aufgenommen. Die Termine der Missionsmitglieder und das „Reiseprogramm" müssen koordiniert werden, die Regierungen um eine Einreiseerlaubnis befragt werden.

Im Ergebnis kommen die Papiere, die die amnesty-Mitglieder und die Weltöffentlichkeit über die Situation in einem Land informieren sollen, dann sehr spät – manchmal zu spät.

Das „Timing" gehört zum kleinen Einmaleins in der politischen Auseinandersetzung. Der Zeitpunkt einer Veröffentlichung ist oft genauso wichtig für die Wirkung wie der Inhalt. Bei dem hohem Aktualitätsdruck der Medien sind Berichte über Massaker an einem Dutzend Menschen, wenn sie erst zwei Jahre nach den ersten Meldungen verbreitet werden, „Schnee von gestern": eine zynische Konsequenz der Konkurrenz von Nachrichtenmagazinen, Zeitungen und Fernsehsendern, die stets nach der neuesten Enthüllung und der „frischen" Nachricht jagen. Deshalb gehen manche Berichte von amnesty im Informationsdschungel unter.

Tracy hält dagegen, daß diese Berichte dennoch eine Wirkung auf die betroffenen Länder haben können: „Als der letzte Bericht über Guatemala erschien, fragte die deutsche Sektion: ‚Was sollen wir mit dem anfangen? Diese Ereignisse liegen schon ein Jahr zurück!' In Guatemala wurde der Bericht jedoch äußerst gut aufgenommen. Die Angehörigen von ‚Verschwundenen' konnten nämlich mit diesem Bericht zum Präsidenten oder zu einer der sogenannten Untersuchungskommissionen gehen und sagen: ‚Seht, hier ist die Information. Beginnt hier nachzuforschen!"

Mike Dottridge nennt ein anderes Beispiel. Über Menschenrechtsverletzungen in der Provinz Shaba im Süden von Zaire, die im November 1984 begannen und bis in das Jahr 1985 andauerten, sollte ein ai-Bericht erstellt werden. „Im November fuhr ich nach Afrika und führte in einigen umliegenden Ländern von Zaire Gespräche mit Flüchtlingen, die im Gefängnis gewesen waren. Noch bevor ich nach London zurückkehrte, schrieb ich einen Bericht." In der Zentrale mußten dann allerdings verschiedene Details geprüft werden, zum Beispiel der genaue Wortlaut des Armeegesetzbuches beschafft werden. Ganze drei Monate dauerte schließlich das Übersetzen in die verschiedenen amnesty-Publikationssprachen. „Das ist relativ lange, aber es ist sehr wichtig für uns, daß jede Sektion, sei es in Bern, in Washington oder in Abidjan den Text zur gleichen Zeit bekommt. Der Report über Shaba erschien schließlich im März 1986."

Es ist keine Seltenheit, daß mehr als ein Jahr vergeht, bis diese Reporte verschickt werden. Deswegen denken die Londoner Mitarbeiter auch über Veränderungen nach. Researcherin Tracy: „Jeder hier im Sekretariat möchte, daß es schneller geht. Wir diskutieren auch über neue Informationstechniken, über den Ausbau der Computerisierung oder über neue Formen der Nachrichtenübermittlung."

In der Tat wird es notwendig, neue Formen zu entwickeln. Denn die Regierungen werden auch schneller im Morden und perfekter in der (Des-)Information. „Es gibt Regierungen, die direkt von amerikanischen PR-Büros beraten werden", klagt Tracy. Und in den Fällen von „Verschwundenen" zählt jede Stunde nach Bekanntwerden des Falles.

Ein wöchentlicher „Update-Service", der an die Pressesprecher der einzelnen Sektionen verschickt wird, soll deshalb aktuelle Berichte verbreiten helfen. Nachgedacht wird auch über kurze „Update"-Papiere, die an Parlamentarier oder UN-Vertreter geschickt werden, um deren Unterstützung für eilige Fälle zu erhalten.

Die beste Antwort auf das Problem sind jedoch die „urgent actions", das „Nonplusultra" der amnesty-Arbeit, wie Brigitte Erler meint.

3. *Schnelles Eingreifen*

„urgent action"

1974 wurde das „urgent action network" gegründet, um in Fällen von gefährdeten Personen eine schnelle Intervention von möglichst vielen Einzelpersonen in der ganzen Welt zu ermöglichen. Dabei wird in Notfällen auf die sonst oft zeitraubende zweite Informationsquelle zur Bestätigung verzichtet: „im Zweifel für den Angeklagten." Es geht in der Regel um Fälle, bei denen Folter droht, eine Hinrichtung bevorsteht, Festgenommene „verschwunden" sind oder ein Gefangener schnelle medizinische Hilfe benötigt. Wenn Informationen über laufende oder drohende staatliche Mordaktionen in London eintreffen, wird ebenfalls die Telegrammaktion in Gang gesetzt, außerdem auch bei Flüchtlingen, denen die Abschiebung in die Folter oder zum Galgen droht.

International wurde seit der Gründung ein großes Netz aufgebaut. Die Informationen mit Adressen und Daten zu den Betroffenen werden zentral vom Londoner Hauptquartier per Fernschreiber oder Telefon zu den nationalen Sektionsbüros weitergegeben. Diese verständigen dann eine große Zahl von amnesty-Mitgliedern oder andere Personen, die sich an dem „network" beteiligen und dann Telegramme oder Fernschreiben an Präsidenten, Richter oder Gefängnisdirektoren schikken. So kommen zum Teil Hunderte, ja oft Tausende Telegramme und Fernschreiben aus der ganzen Welt zusammen, die binnen weniger Stunden bei den Verantwortlichen eintreffen. In manchen Fällen werden auch Mitglieder bestimmter Berufsgruppen besonders angesprochen, um dem Appell für eine Kollegin oder einen Kollegen besonderes Gewicht zu verleihen. Sogar berufsständische Organisationen, Gewerkschaften, Kirchengemeinden und Politiker werden in die Eilaktion einbezogen.

amnesty international rechnet damit, daß die urgent actions in einem Drittel der Fälle zumindest zu einer Verbesserung der

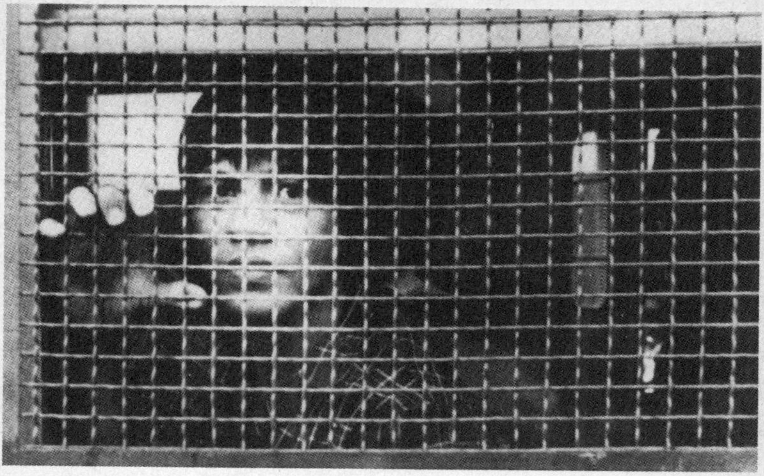

Gefangener Edwin López, inhaftiert auf den Philippinen 1982.

Situation der Gefangenen führen – obwohl es stets schwierig ist, bei positiven Veränderungen einen Zusammenhang zu den amnesty-Aktionen herzustellen.

„Du bist nicht tot, weil sich viele Menschen für dich eingesetzt haben“, erzählte ein Geheimpolizist einem politischen Gefangenen vertraulich.

Am 15. April 1987 wurde die 26jährige Universitätsstudentin Débora Carolina Vásquez Velásques an einer Tankstelle in Guatemala-Stadt von Männern in Zivilkleidung entführt. Augenzeugen sahen das Auto, mit dem sie weggebracht wurde, in eine Militärkaserne fahren. Interventionen von Angehörigen blieben erfolglos, Nachforschungen bei der Polizei und beim Militär blieben unbeantwortet. Débora Carolina war „verschwunden“. amnesty international wurde über den Fall informiert und führte am 21. April eine urgent action für sie durch. Die Regierung wurde zu umfassenden Nachforschungen aufgefordert. Drei Tage später wurde Débora Carolina freigelassen.

In dem Fall des Amerikaners Richard Andrade blieb amnesty auch mit dem letzten möglichen Appell erfolglos. Die vielen urgent action-Telegramme konnten nicht verhindern, daß der Häftling am 18. Dezember 1986 mit einer Giftspritze in Texas hingerichtet wurde.

In Chile wurde die Schwester eines Studentenführers am 14. Oktober 1986 um 4 Uhr 45 morgens von bewaffneten Sicherheitskräften aus dem Bett geholt und zu deren Hauptquartier in Santiago gebracht. amnesty war bekannt, daß dort viele Häftlinge gefoltert werden. Einen Tag nach der Verhaftung startete die Eilaktion mit der Forderung nach Sicherheitsgarantien für die junge Frau. Zwei Tage später, am 17. Oktober, wurde sie freigelassen.

Für Menschen auf der ganzen Welt wurde amnesty durch diese Aktionen zum Nottelefon. Ein Rechtsanwalt aus Südafrika ruft in der Londoner Zentrale an, weil er um das Schicksal von schwarzen Studenten besorgt ist, die ohne Anklage festgehalten werden. Eine Frau aus Prag schreibt, weil ihr Mann im Gefängnis besorgniserregend erkrankt ist. Ein Telex des mittelamerikanischen Gewerkschaftsbundes in Mexiko berichtet über „verschwundene" Kolleginnen und Kollegen in Guatemala.

Solche Nachrichten erreichen auch die Büros der Sektionen und werden von dort per Telex oder Telefon nach London weitergegeben. Und wenn ein Todesurteil in Malaysia zum Beispiel von der Nachrichtenagentur Reuter um 14 Uhr gemeldet wird, können noch am gleichen Tag die ersten Telegramme und Telexe an die Regierungen herausgeschickt werden.

Schnelligkeit ist das erstrangige Prinzip der urgent actions. Denn amnesty machte die statistische Erfahrung, daß in den ersten 24 Stunden nach einer Verhaftung die Folter am häufigsten vorkommt.

amnesty-Generalsekretärin Brigitte Erler gibt den urgent actions in ihrer Arbeit absolute Priorität. „Als erstes sehe ich mir die Telexe an, wenn ich morgens die Post durchgehe." Mittlerweile sind es täglich mehrere Eilaktionen, die amnesty einleitet.

4. *Höfliche Briefe oder Großkonzerte?*

Die Aktionspalette

„Schreiben Sie bitte höflich formulierte Briefe in gutem Englisch oder in Deutsch an ..." Es folgt die Adresse „Ihrer Exzellenz", des Botschafters, oder die Anschrift des Staatsoberhauptes im Präsidentenpalast. Der tausendfach an amnesty-Mitglieder, Freunde und Förderer gerichtete Appell zum Briefeschreiben trifft nicht mehr bei allen Interessierten auf ein positives Echo. Viele amnesty-Mitglieder wollen mehr machen, als nur „höfliche" Schreiben aufsetzen. Nach mühseligem Formulieren zahlreicher Appelle, die oft nicht gehört und auch nicht beantwortet werden, packt viele der Frust. Nicht wenige amnesty-Mitglieder haben deswegen die Organisation wieder verlassen. In anderen Organisationen wie Solidaritätsgruppen und Parteien glauben sie, effektiver, deutlicher und direkter protestieren zu können. Denn dort werden auch politische Forderungen gestellt, die man sich bei amnesty verkneifen muß. Dort darf nach den politischen und ökonomischen Ursachen gefragt werden, die zu den Menschenrechtsverletzungen führen. Da dürfen Fragen gestellt werden, die wie im Fall der Rüstungsexporte auch das eigene Land betreffen. Das „Mandat" von amnesty, der enge und strenge Katalog von Handlungsmöglichkeiten, ist ihnen zu beschränkt. Für sie ist amnesty „ein politischer Durchlauferhitzer" auf dem Weg zum Engagement in anderen gesellschaftlichen Gruppen und Institutionen. Brigitte Erler findet „diese Politisierungsfunktion von amnesty eigentlich sehr gut. amnesty ist so sehr fruchtbar für andere politische Organisationen."

Thomas Hammarberg, der ehemalige internationale Generalsekretär, erklärte in einem „Spiegel"-Interview nach seinem Rücktritt zugunsten von Ian Martin: „Wir rühren nicht an den Wurzeln der Unterdrückung. Wir sind weder für noch gegen eine bestimmte Ideologie oder Politik, ergreifen nicht Partei für Marxismus, Liberalismus oder was sonst. Wir nehmen uns allein die Symptome der Unterdrückung vor – Folter, politische Inhaftierung, Verweigerung von Grundrechten. Das ist amnestys Stärke, deswegen können bei uns Menschen der verschiedensten Weltanschauungen zusammenarbeiten." Um soziale und wirtschaftliche „Menschenrechtsverletzungen", zum Beispiel das „Verhungernlassen", kümmert sich amnesty ebenfalls nicht. „Mit Absicht", meint Thomas Hammarberg. „Aus dem ganzen Feld der Menschenrechte haben wir uns nur einen Sektor herausgesucht. Das bedeutet nicht, daß wir das Recht auf Nahrung, Ausbildung oder Unterkunft für weniger bedeutsam hielten. Aber darum müssen sich andere Organisationen kümmern."

Vielen Mitgliedern ist es außerdem schwer verständlich, warum die Organisation strikt auf Gewaltlosigkeit beharrt. Sie teilen die Wut und die Ohnmacht mit den von ihnen betreuten Gefangenen, die nach jahrelangem Kampf mit Wörtern zum gewaltsamen Protest übergehen. Wie sollen sich die Bauern in Guatemala gegen die Massaker anders zur Wehr setzen als im offenen Guerillakampf? Welche Mittel gibt es noch, wenn sämtliche Gewerkschaften, Standesorganisationen, oppositionelle Parteien und Menschenrechtsorganisationen aus Angst vor Repression nur noch im Untergrund operieren? Hätte nicht der gewaltsame Widerstand zahlreiche Opfer des Faschismus verhindert?

Ex-Generalsekretär Hammarberg beharrt dennoch in seinem Rückblick auf dem bisherigen Mandatsspielraum: „Gewiß gibt es Situationen, in denen der Unterdrückung nur begegnet werden kann, indem man zur Waffe greift. Aber wann und wo, darüber zu urteilen steht uns nicht zu."

Auch Brigitte Erler hält diese „Beschränkung für wichtig." Die politische Neutralität „ist das Grundprinzip, auf dem die Wirksamkeit beruht", sagt sie.

Die amnesty-Strategen versuchen dennoch, ihre Aktionsformen den Bedürfnissen und Stimmungen anzupassen. Für zahlreiche Interessierte, die sich in den Büros melden, gab es bislang nur die Möglichkeit zur regelmäßigen und konstanten Mitarbeit in einer Gruppe, „Adoptionsgruppe" oder „Kogruppe" waren die beiden Schwerpunkte: entweder zwei oder drei gewaltlose Gefangene direkt betreuen oder in der Kogruppe Kampagnen zu einem speziellen Land vorbereiten. Das bedeutet im wöchentlichen Rhythmus abendliche Gruppensitzungen, Bürgergespräch hinter dem amnesty-Info-Stand an den „langen Samstagen“ in der Fußgängerzone, Geldsammlungen mit der ai-Spendendose. Die amnesty-Mitarbeiter haben gemerkt, daß das „nicht jedermanns Sache ist“.

Für Menschen, die sich nicht in der Gruppenarbeit engagieren wollen oder denen die Zeit dafür fehlt, gibt es deshalb jetzt eine neue Aktionsmöglichkeit. Als Teilnehmer der „ai-Aktion“ erhalten sie „regelmäßig alle zwei Monate einen Rundbrief, der konkrete Atkionsvorschläge enthält, an denen sie sich beteiligen können. Diese Aktionsvorschläge stehen jeweils im Zusammenhang mit Kampagnen oder Aktionen zu einzelnen Ländern oder konkreten Themen.“ amnesty will es damit Kurzentschlossenen ganz einfach machen: „Coupon ausschneiden, ausfüllen und uns zusenden.“ Mit einem kostendeckenden Jahresbeitrag von zehn Mark wird die Arbeit und der Druck des Rundbriefes finanziert.

Eine alte Institution der amnesty-Arbeit ist der „Gefangene des Monats“. Auch damit versucht die Menschenrechtsorganisation heute, gezielt auch Berufsgruppen anzusprechen. Neben Tageszeitungen veröffentlichen zum Beispiel Gewerkschaftszeitungen oder der Deutsche Journalisten-Verband (DJV) in ihren Mitgliederpublikationen die Aufrufe zum Briefeschreiben für drei ausgewählte Gefangene.

Ursprünglich gab es sogar einen „Gefangenen des Jahres“. 1964 wurde der DDR-Gewerkschafter Heinz Brandt freigelassen, nachdem er ein Jahr zuvor diesen „amnesty-Titel“ erhielt. Julieta Gandra aus Portugal, seit 1959 wegen „Konspiration“ eingesperrt, wurde 1964 die „Gefangene des Jahres“ und auch ein Jahr später freigelassen. Doch mittlerweile wurde auch Kritik laut. Die „Gefangenen des Jahres“ lenkten zuviel Aufmerksamkeit auf eine Person, während andere darüber in Vergessenheit gerieten. Der Adoptionsfall des Jahres 1965 brachte dann das Aus für diese Kampagne. Madou Ray-Autra Traore, ein

Lehrer aus Guinea war wegen Widerstands gegen die Verstaatlichung der Erziehung zu fünf Jahren verurteilt worden. Doch kaum war seine Wahl von amnesty veröffentlicht, da kam schon die Nachricht aus Guinea, er sei zwischenzeitlich freigelassen worden. amnesty mußte sich bei der Regierung für die Kampagne entschuldigen.

Es gibt auch Fälle, in denen amnesty von traditionellen Aktionsformen abrücken mußte, weil sie die Situation der Gefangenen verschlimmerten. So wurde die Adoption von Gefangenen im Iran unter dem Schah-Regime aufgegeben, weil sie aufgrund der Briefe staatsfeindlicher Kontakte zu ausländischen Organisationen bezichtigt wurden und zum Teil noch härteren Strafen ausgesetzt wurden. Regierungen, die ihre Gegner einfach „verschwinden" lassen, sind mit der langwierigen Adoptionsprozedur ebenfalls nicht zu bewegen.

Neue Aktionsformen und Ideen wurden auch von anderen politischen Bewegungen übernommen, wobei die einzelnen Sektionen unterschiedlich viel „Mut" zur Veränderung haben. Zeitungsinserate werden zum Beispiel über Spender finanziert, die die Anzeige mit ihrem Namen unterschreiben. Anzeigenserien mit prominenten Künstlern und Schriftstellern appellieren an die Leser. In den werbefreudigen Vereinigten Staaten gibt es sogar Werbeversandaktionen im Stil der Kampagnenwerbung großer Firmen.

In der Londoner Zentrale werden Überlegungen über Fernsehwerbespots gemacht. Beim Werbefilm-Festival in Cannes wurde 1987 ein Film von der Jury ausgezeichnet, der von der amnesty-Zentrale bei der Münchener Marketing-Firma Stichling in Auftrag gegeben wurde. Einer nachempfundenen Folterszene folgte die Botschaft: „amnesty hilft Menschen. Helfen sie amnesty". Vielen Mitgliedern geht diese Form der Öffentlichkeitsarbeit jedoch zu weit. Zwischen Zigarettenwerbung und Auto-Reklame für die Menschenrechte werben, ist ihnen zuwider. Es verträgt sich nicht mit dem bescheidenen, seriösen und neutralen Stil der Organisation.

Ähnliche Widerstände gibt es auch bei den Versuchen, mit großen Rockkonzerten für die Sache amnestys zu werben. Einige Sektionen wollten die Erfahrungen von Musikspektakeln wie dem „Aid for Africa"-Festival nacheifern und in einer internationalen, konzertierten Aktion weltbekannte Musiker für amnesty auf die Bühne bringen – mit weltweiter Fernsehübertragung. Doch die Millioneneinsätze, die für die Planung solcher Großveranstaltungen notwendig sind, schreckten amnesty-Manager wie Mitglieder. Manche sehen bei Kampagnen, die sich in diesen finanziellen Dimensionen bewegen, auch die Gefahr von rufschädigendem Mißbrauch. Die britische und amerikanische Sektion sind Vorreiter für solche Kulturspektakel. Schon länger verkaufen sie erfolgreich Schallplatten mit Livemitschnitten von Benefizkonzerten zugunsten amnesty. Wie schnell könnte amnesty von einer Firma aus der Musikbranche oder einem Sponsor für weniger edle Ziele „benutzt" werden? Wie sollen die Menschen in der Dritten Welt, um die sich amnesty sorgt, diese gewaltigen Spektakel nach dem Stil der europäischen und nordamerikanischen Kulturmetropolen verstehen?

amnesty wird einen Weg zwischen Tradition und Moderne suchen müssen, der gleichermaßen in Lusaka wie in Los Angeles verstanden wird. Angesichts sich ändernder Unterdrükkungsmethoden müssen auch die stets wirksamsten Protestformen gesucht werden. Und in einer Welt, in der sich die Kommunikationsstrukturen rapide verändern, immer schneller, immer elektronischer, immer gewaltiger, muß die Menschenrechtsorganisation – nach ihren Möglichkeiten – Schritt halten.

5. Bonn, Heerstraße 178

Erfolg oder Mißerfolg?

„Keine Zeit" ist ein ständiger Satz im Büro der bundesdeutschen amnesty-Sektion. Hier scheint fast jeder überlastet. Pressekonferenzen und Versammlungen müssen vorbereitet werden, eilige Meldungen über urgent action-Fälle sollen an Abgeordnete und Kirchenleute weitergegeben werden, eine Gewerkschafter-Delegation aus Lateinamerika wartet auf ein Gespräch, ein Botschafter-Besuch steht an.

Die 31 Mitarbeiter des Sektionsbüros müssen eine Maschine in Gang halten, an der alle Hände gebraucht werden. 10930 Gruppen-Mitglieder müssen betreut werden. Dazu kommen etwa 15000 „fördernde Mitglieder“, die amnesty mit einer regelmäßigen Spende helfen. 5000 beteiligen sich an der Aktion „Gefangener des Monats“, 3000 am „urgent action network“, und in dem jungen „Arbeitskreis Medizin-Psychologie“ sind noch einmal etwa 200 Berufskollegen organisiert. Alle erhalten sie das „ai-Info“, den monatlich erscheinenden Mitgliederrundbrief.

1987 hat das Jahresbudget der bundesdeutschen Sektion immerhin 8,8 Millionen Mark betragen. Allein an Beiträgen, Fördergeldern und Spenden gehen übers Jahr etwa sieben Millionen Mark ein, in der Regel jeweils kleine Einzelbeträge. Großspenden und Gelder von Regierungen werden grundsätzlich abgelehnt. Kaum eine Spende übertrifft die 2000-Mark-Grenze.

Durch richterlich verhängte Geldbußen, die wie für andere Wohlfahrtsorganisationen und gemeinnützige Vereine auch zugunsten von amnesty zu zahlen sind, kommen etwa 800000 Mark in die Kasse. Straßensammlungen bringen ca. 400000 Mark, der Verkauf von Informationsmaterial ergibt 600000 Mark, und Erbschaften zugunsten von ai belaufen sich auf etwa 700000 Mark.

Bei den Ausgaben geht der größte Anteil direkt nach London weiter. Für die Research-Arbeit in der Zentrale führt die bundesdeutsche Sektion drei Millionen Mark ab. 1,2 Millionen kostete 1987 die Öffentlichkeitsarbeit: Bücher, Broschüren, Plakate, Rundbriefe und Anzeigen.

Die Personalkosten betrugen 1,7 Millionen Mark. Die Mitarbeiter werden heute in Anlehnung an den Bundesangestellten-Tarifvertrag (BAT) des öffentlichen Dienstes honoriert. Eine „professionelle Infrastruktur“ soll dafür sorgen, daß amnesty mit qualifizierten Beschäftigten arbeiten kann, die auch bereit sind, langfristig bei der Organisation zu bleiben. Die Zeit der „Alternativlöhne“ ist bei amnesty vorbei.

Für Miete, Telefon, Porto und andere Bürokosten gibt die Sektion etwa eine Million aus, unter „Sonstiges“ kommt noch einmal eine Million hinzu. 350 000 Mark gab amnesty 1987 für Hilfszahlungen an Gefangene und deren Familien oder für die Rehabilitation von Folteropfern weiter. Die Unterstützungszahlungen sollen nur selten angewendet werden und nicht die erstrangige Forderung nach Freilassung der gewaltlosen politischen Gefangenen ersetzen. Sie können nur das „Leiden lindern“.

Zum Vergleich: 1974 arbeitete die bundesdeutsche Sektion noch mit einem Budget von etwa 1,3 Millionen Mark. Neun Mitarbeiter zählte damals noch das Sekretariat, das im Juni 1977 von Hamburg nach Bonn verlegt wurde. Der Apparat und mit ihm das Budget sind seitdem rapide gewachsen.

Der Job als „Menschenrechtsarbeiter“ erfordert manchmal auch harte Nerven. Nicht nur eine hohe Arbeitsbelastung, wie sie in vielen vergleichbaren Organisationen üblich ist, sondern auch der Gegenstand der Arbeit kann an die Substanz gehen. „Zwei bis drei Monate kann ich alles routiniert bearbeiten“, erzählt die Generalsekretärin Brigitte Erler über die psychische Belastung bei amnesty. „Manchmal trifft es dann aber ganz tief ins Herz. Zum Beispiel wenn solche ganz schlimmen Nachrichten kommen, wie die von 300 Kindern, die im Irak zu Tode gefoltert wurden. Das geht mir immer noch durch den Kopf. Das Verarbeiten dauert dann oft lange.“ Sie legt dann „ein Blatt auf die Bilder“ von Geschundenen, Gefolterten und Gehängten, die auf ihrem Schreibtisch liegen. Es kommt auch vor, daß die Opfer der Tortur zu Besuch sind, und ihre Verletzungen zeigen. Privat versucht sie sich dann etwas zu schützen: „Gewaltszenen im Fernsehen sehe ich mir nicht mehr an.“

„amnesty international ist insgesamt ein Mißerfolg – einfach weil wir nach 25 Jahren mehr denn je gebraucht werden.“ Der ehemalige internationale Generalsekretär Thomas Hammarberg will das Ergebnis der jahrzehntelangen Menschenrechtsarbeit nicht beschönigen. „Ein wirklicher Durchbruch ist nicht gelungen, weder im Kampf gegen die Folter noch gegen die Hinrichtung von politischen Gefangenen. Was wir aber immerhin erreicht haben, ist, die Öffentlichkeit auf diese Übel aufmerksam zu machen und eine Diskussion in Gang zu setzen."

Auch in Zukunft werden die amnesty-Mitarbeiter und -Mitglieder sich mit den kleinen Erfolgserlebnissen zufrieden geben müssen. Wie zum Beispiel die Adoptionsgruppe von Ulrich, Cornelia, Sönke, Gesa, Ilona und Barbara in Husum. „Ihr" Häftling, der Bankdirektor Houssein Cheikh Soilihi, wurde nach vielen Bittbriefen freigelassen. Oder die 30 Miglieder der amnesty-Gruppe in Erlangen. „Ihr" Fall, die Juristin Lu Hsiu-lien, kam nach genau 1933 Tagen frei und besuchte zwei Jahre später die Gruppe in Erlangen. „Keines ihrer Wörter war umsonst", ermutigte die Frau aus Taiwan ihre Helfer zur Weiterarbeit. Oder die Wiesbadener ai-Mitglieder Ruth Saefkow und Martin Götting. Nach fünfzehn Jahren durfte „ihr" Häftling aus Malaysia, der Sozialdemokrat und Gewerkschafter Tan Hock Hin, wieder die Freiheit erleben. Er machte fünf Jahre nach seinem „Leben im Grab" eine Hochzeitsreise nach Europa – und besuchte seine amnesty-Betreuer.

Die Menschenrechtsarbeit ist ein oft verzweifelter Kampf, der Jahre dauern kann – ohne die Gewißheit eines erfolgreichen Abschlusses. Was bleibt, ist ihr Auftrag. Die Menschenrechtsverletzungen werden weltweit fortgesetzt.

Willie Jasper Darden, dem schwarzen Todeskandidaten im US-Staatsgefängnis von Florida konnte nicht geholfen werden. Ricardo Giuria Lasner und seiner Familie konnte auf vielfache Weise geholfen werden. Seine Frau wurde mit den Briefen seelisch gestärkt und engagierte sich beim Aufbau demokratischer Verhältnisse in Uruguay: „Ich habe wenig Zeit", schrieb Laura in einem ihrer Briefe, „da ich jetzt an der politischen Arbeit mit all meiner Kraft teilnehme. Der Wahlkampf hat begonnen, und wir müssen die Demokratie erreichen. Es geht um eine fortschrittliche Demokratie, an der die Bürger wirklich teilnehmen können." amnesty international hat auf diese Weise auch einen Anteil an der Herstellung demokratischer, gerechter politischer Verhältnisse. 1985 endete in Uruguay die schreckliche Militärherrschaft, weil Laura und viele andere Bürger beharrlich für die Freiheit kämpften.

Doch „eine böse Erbschaft“ ist noch zu verarbeiten: der Kampf gegen das Vergessen. Am 2. August 1985, exakt fünf Monate nach Ricardos Freilassung, schreibt Laura der amnesty-Gruppe nach Friedrichsdorf: „Der Unterdrückungsapparat des Militärregimes ist nicht beseitigt worden. Die geheimen Informationsdienste sind noch intakt. Die Militärs geben politische Erklärungen ab, und die gleichen Männer, die sich während der letzten Jahre bereicherten und die folterten, haben noch immer ihre Posten bei den Streitkräften.“ Und im November schreibt sie noch einmal: „Die korrupten Generale, die Folterknechte und Mörder in Uniform – sie alle gehen weiterhin ungestraft auf der Straße spazieren.“ Im Dezember wurde ein Gesetz verabschiedet, das allen Angehörigen der Polizei und des Militärs, die mutmaßlich unter der Militärherrschaft für Menschenrechtsverletzungen Verantwortung trugen, Schutz vor Bestrafung zusicherte. Die Regierung wurde mit der Vollmacht ausgestattet, Gerichten die Anweisung zu erteilen, Verfahren einzustellen. Das ist nicht die Art Demokratie, wie sie sich Laura und Ricardo erhofft haben.

Eine neue Aufgabe für amnesty wurde jetzt die Aufklärung des Schicksals der Personen, die während der Militärherrschaft „verschwunden“ sind.

Vielleicht sollte es auch eine neue weltweite Bewegung geben, die sich um das Schicksal der Täter kümmert, die Nachforschungen und Ermittlungen anstellt, um Beweise für Folter und Unterdrückung vorzulegen, als Grundlage für ordentliche Gerichtsverfahren. Die Täter sollten beim Namen genannt werden, ihre Taten recherchiert und öffentlich gemacht werden. Die menschenrechtsverletzenden Regierungen und ihre Nachfolger sollten in weltweiten öffentlichen Kampagnen aufgefordert werden, die Täter, ob Befehlsgeber oder Befehlsempfänger, in fairen und ordentlichen, öffentlichen Gerichtsverfahren zur Verantwortung zu ziehen, statt sie in einer Generalamnestie in ihre Ämter zurückkehren zu lassen.

Doch das wäre dann eine andere, eine neue Menschenrechtsorganisation, die es noch zu gründen gilt.

Quellen

Für dieses Buch wurden Zeitungsartikel und *Presseveröffentlichungen* über amnesty international und allgemeine Menschenrechtsfragen bearbeitet. Als Archivquellen diente die Pressedokumentation des Deutschen Bundestages, aus der Beiträge deutschsprachiger und ausländischer Publikationen der letzten drei Jahre komplett gesichtet wurden, und die Pressedokumentation der Deutschen Sektion von amnesty international.

amnesty-Publikationen, von der deutschen Sektion in der Regel als Broschüren oder im Fischer Taschenbuch-Verlag erschienen, wurden bis in die siebziger Jahre zurückverfolgt, darunter die ai-Jahresberichte, die Länderberichte, Handbücher, Anleitungshefte, Publikationen für Berufsgruppen und Zielgruppen, Veröffentlichungen über Menschenrechte allgemein, Folter, Todesstrafe, „Verschwundene“, staatlichen Mord, Rüstungsexport und Asyl.

Eine Anthologie mit dem Titel *„Voices for Freedom“* wurde von *amnesty international Publications 1986* in *London* herausgegeben. Der Band dokumentiert, chronologisch verfolgt, Fallbeispiele der amnesty-Arbeit seit der Gründung 1961.

In *Interviews* und Hintergrundgesprächen lieferten ai-Mitarbeiter und -Mitglieder weitere wichtige Informationen, Hinweise und Unterlagen.

Zahlreiche Informationen über die ai-Arbeit, Fallbeschreibungen und Berichte über Menschenrechtsverletzungen sind in dem monatlich erscheinenden *ai-Info* enthalten, das für die vergangenen drei Jahre dokumentiert wurde.

Die *Pressemitteilungen* der Deutschen ai-Sektion, in unregelmäßiger Folge erscheinend, wurden ebenfalls für die Jahre 1987 und (bis Juni) 1988 bearbeitet.

Anmerkungen

Der Fall Ricardo Giuria Lasner, im Vorwort beschrieben, wird in einer Dokumentation von der *ai-Gruppe Friedrichsdorf* erläutert (unveröffentlicht), der Fall Willie Jasper Darden ist im *ai-info Nr. 5/1988* dokumentiert.

Die Beschreibung der ai-Gründung in London („Wie es anfing") basiert auf einer sehr ausführlichen Schilderung der ai-Geschichte in *Thomas Claudius, Franz Stepan: amnesty international, Portrait einer Organisation, München 1978,* und dem Band von *Jonathan Power: amnesty international, Der Kampf um die Menschenrechte, Düsseldorf/Wien 1982.* Bestätigende und ergänzende Informationen ergaben Interviews mit ai-Mitgliedern und -Mitarbeitern.

Neben diesen Quellen wurde ein Aufsatz von Carola Stern für den Bericht über die ai-Gründung in der Bundesrepublik hinzugezogen: *Carola Stern: Die Gründerjahre, in: Carola Stern (Hrsg.): amnesty international, Wer schweigt, wird mitschuldig. Frankfurt 1981.* Aus diesem Band wurden auch für das Kapitel verwendete Zitate von Heinrich Albertz entnommen.

Die Beschreibung der Organisationskrise Mitte der sechziger Jahre ist bei *Claudius/Stepan* und *Power* sowie in vielen Presseveröffentlichungen belegt.

Über die „Isolationshaft" in bundesdeutschen Gefängnissen gibt es Darstellungen, Berichte und Erklärungen in den *ai-Jahresberichten,* in den Bänden von *Claudius/Stepan* und *Power* sowie in einer Fülle von Presseveröffentlichungen aus dieser Zeit. Die Geschichte der RAF ist in *Stefan Aust: Der Baader-Meinhof-Komplex, Hamburg 1985* und in *Pieter Bakker Schut: Stammheim, Göttingen (Neuer Malik Verlag) 1987* dokumentiert.

Berichte über die Friedensnobelpreis-Ehrung (Das Image) wurden nach Quellen aus dem *ai-Info* zusammengefaßt. Die Zitate christdemokratischer Politiker über Chile stammen aus: *Hernán Valdés: Folter in Chile, Reinbek (2. Auflage) 1987.* Die Daten über die Organisations-Entwicklung in der Dritten Welt stammen aus dem *ai-Jahresbericht 1987.*

Das Länderbeispiel Irak zum Thema Todesstrafe (Verurteilt) ist in einem ai-Faltblatt zum Thema „Todesstrafe im Irak" und im *ai-Info Nr. 4/88* veröffentlicht. Das Beispiel China wird im *ai-Info Nr. 5/88* beschrieben. Über die Todesstrafe in den USA gibt es ein ai-Faltblatt, zahlreiche Presseveröffentlichungen und eine ai-Pressemitteilung, veröffentlicht im *epd, Zentralausgabe, vom 12. 6. 1987.* Die Zitate von Brigitte Erler stammen aus einem Interview mit dem Autor.

Über *„Politischer Mord durch Regierungen"* ist unter diesem Titel ein amnesty-Taschenbuch erschienen, *Frankfurt (Fischer-Taschenbuch) 1983.*

Über das Schicksal der „Verschwundenen" klärt neben zahlreichen Presseveröffentlichungen und ai-Faltblättern der amnesty-*Jahresbericht* auf. Das Wort wird in Anführungszeichen geschrieben, weil es sich um einen bewußten Akt der politischen Gewalt und Unterdrückung handelt.

Die Geschichte der Folter in Deutschland seit dem Ersten Weltkrieg ist bei *Karl-Heinz Roth: Die Modernisierung der Folter in den beiden Weltkriegen, in „1999, Zeitschrift für Sozialgeschichte des 20. und 21. Jahrhunderts", Nr. 3/1988, S. 8ff.* untersucht. Der Fall „Colonia Dignidad" wird im *ai-Info* laufend dokumentiert, außerdem umfassend in *Gero Gemballa: Colonia Dignidad, Ein deutsches Lager in Chile, Reinbek 1988* aufgeklärt. Ein Beitrag der Zeitschrift *„psychologie heute"* ist von amnesty international nachgedruckt und enthält zahlreiche Informationen über die Psyche von Opfern und Tätern. Die Zitate von der Psychiaterin Silvia Amati stammen aus: *Psyche, Heft 3/1977.* Einzeldarstellungen sind in *amnesty international: „Wer der Folter erlag ...", Ein Bericht über die Anwendung der Folter in den 80er Jahren, Frankfurt (Fischer-Taschenbuch) 1985* veröffentlicht und in den ai-Jahresberichten z. T. wiedergegeben. Eine Broschüre des amnesty-*„Arbeitskreis Medizin-Psychologie"* gibt einen Überblick zum Thema.

„Frauen als Opfer" und als amnesty-Mitglieder sind im *ai-Info* in ai-Presseinformationen, in Presseveröffentlichungen und Agenturmeldungen erwähnt. Die Briefe von Mädchen wurden in der ai-Geschäftsstelle zur Verfügung gestellt.

Die Flüchtlingsproblematik (Geflohen) ist in den Jahresberichten, dem ai-Info und in Presseerklärungen dokumentiert. Das Thema war auch ausführlich Gegenstand einer ai-Pressekonferenz am 7. Oktober 1987. Die Länderbeispiele Türkei und Sri Lanka sind in der ai-Broschüre *Schutz für Verfolgte, Verwirklicht das Grundrecht auf Asyl! Bonn 1986* beschrieben.

Mit dem guatemaltekischen Journalisten Elias Barahona y Barahona führte der Autor ein Interview, Dokumente über Rüstungsexporte der Bundesrepublik (Erschossen) sind in der amnesty-Broschüre *„Rüstungsexporte und Menschenrechte, Bonn 1986* zitiert. Weitere Zitate, Dokumente und Daten stammen aus zahlreichen Presseveröffentlichungen und aus dem Archiv des Autors.

Die statistischen Daten und Zahlen über die Weltorganisation (Der Apparat) stammen aus dem *Jahresbericht 1987.* Die Aussagen von Tracy Ulltveit und Mike Dottridge sind in einem Interview des Schweizer *amnesty Magazin, November 1987* wiedergegeben.

Die Interview-Zitate von Thomas Hammarberg (Die Aktionspalette) sind in *Der Spiegel, Nr. 40/1986* veröffentlicht.

Die statistischen Zahlen über das Jahresbudget 1987 (Bonn, Heerstraße 178) wurden dem Autor im Sekretariat der Sektion mitgeteilt. Die Vergleichszahlen aus dem Jahr 1974 stammen von *Claudius/Stepan.* Die Briefe von Laura Giuria sind in der schon erwähnten *Dokumentation* der ai-Gruppe Friedrichsdorf gesammelt. Die Menschenrechtssituation in Uruguay ist im amnesty-*Jahresbericht 1987* beschrieben.

Literatur von amnesty international

amnesty international (Hrsg.): Jahresbericht 1988, ca. 470 Seiten, Frankfurt, November 1988 (Fischer-Taschenbuch)

amnesty international (Hrsg): Jahresbericht 1987, 472 Seiten, Frankfurt 1987 (Fischer-Taschenbuch Nr. 3879)

amnesty international (Hrsg.): Wer der Folter erlag..., 336 Seiten, Frankfurt 1985 (Fischer-Taschenbuch Nr. 3448)

amnesty international (Hrsg.): Politischer Mord durch Regierungen, 160 Seiten, Frankfurt 1983 (Fischer-Taschenbuch Nr. 3447)

amnesty international (Hrsg.): Nicht die Erde hat sie verschluckt. „Verschwundene" – Opfer politischer Verfolgung, 179 Seiten, Frankfurt 1982 (Fischer-Taschenbuch 3440)

amnesty international/Gustav Keller: Die Psychologie der Folter, 112 Seiten, Frankfurt 1981 (Fischer-Taschenbuch Nr. 3441)

amnesty international (Hrsg.): Der internationale Menschenrechtsschutz, 320 Seiten, Frankfurt 1981 (Fischer-Taschenbuch Nr. 3437)

amnesty international/Carola Stern (Hrsg.): Wer schweigt, wird mitschuldig, 160 Seiten, Frankfurt 1981 (Fischer-Taschenbuch Nr. 3439)

amnesty international (Hrsg.): Politische Gefangene in der UdSSR, 303 Seiten, Frankfurt 1980 (Fischer-Taschenbuch Nr. 3436)

Veröffentlichungen, die bei örtlichen ai-Gruppen und -Bezirken zu beziehen sind:

Afghanistan – Bericht, 59 Seiten, November 1986

Albanien – Politische Haft und die Gesetze, 59 Seiten, März 1985

Chile – 1986, Ein Bericht, 62 Seiten, September 1986

Chile – Zehn Jahre Folter in Chile, 135 Seiten, Juli 1983

China – Menschenrechtsverletzungen in der VR China, 128 Seiten, September 1984

El Salvador – Extralegale Hinrichtungen in El Salvador, 64 Seiten, Februar 1985

Guatemala – Staatlicher Massenmord in Guatemala, 88 Seiten, Mai 1984

Haiti – Kurzbericht, 48 Seiten, März 1985

Irak – Missionsbericht, 64 Seiten, Juli 1984

Jugoslawien – Gewaltlose politische Gefangene, 89 Seiten, Mai 1985

Marokko – Bericht über eine Mission, 88 Seiten, Mai 1982

Mexiko – Menschenrechte in ländlichen Gebieten, 132 Seiten, Januar 1987

Osttimor – Menschenrechtsverletzungen in Osttimor, 96 Seiten, Juni 1985

Paraguay – Kurzbericht, 48 Seiten, Februar 1984

Peru – Kurzbericht, 76 Seiten, Januar 1985

Sri Lanka – Folter, staatlicher Mord, „Verschwindenlassen", 72 Seiten, September 1986

Südafrika – Kurzbericht, 52 Seiten, März 1986
USA – Todesstrafe in den USA, 64 Seiten, Februar 1987
Rüstungsexporte und Menschenrechte, 72 Seiten, Mai 1986
Gegen Folter – Bericht zur Kampagne, 48 Seiten, April 1984
Verfolgte Schriftsteller, 40 Seiten, Oktober 1985
Verfolgte Menschenrechtler, 40 Seiten, Oktober 1983
Vergessene Gefangene, 47 Seiten, Oktober 1986
Opfer ohne Stimme – Menschenrechtsverletzungen in ländlichen Gebieten, 32 Seiten, Oktober 1982
Standesregeln – Eine Strategie, Folter undenkbar zu machen, 40 Seiten, März 1984
Arbeitskreis Medizin-Psychologie, 44 Seiten, Mai 1984
Asyl – Schutz für politisch Verfolgte, 128 Seiten, Februar 1986

Literatur über amnesty international

Thomas Claudius/Franz Stepan: amnesty international, Portrait einer Organisation, München, Wien (Oldenbourg Verlag) 1978
Jonathan Power: amnesty international, Der Kampf um die Menschenrechte, Düsseldorf (Econ-Verlag) 1982
Othmar Franz Lang: Wenn Du verstummst, werde ich sprechen, Ein Jugendroman über amnesty international, Reinbek (rororo rotfuchs Nr. 206) 1983
Helmut Frenz (Hrsg.): Stimme der Verstummten, Vom Einsatz für die Menschenrechte, Gütersloh (GTB Siebenstern Nr. 1003) 1980
Urs M. Fiechtner/Claus Magiera (Hrsg.): an-klagen, Schriften für amnesty international, Tübingen (Neuer Verlag Bernhard Bruscha) 1977

Literatur über Menschenrechte

Horst Stasius: Menschenrechte, Gesetze ohne Gewähr, Reinbek (rororo rotfuchs Nr. 469) 1987
Wolfgang S. Heinz: Menschenrechte in der Dritten Welt, München (Beck'sche Reihe Nr. 305) 1986
E. A. Rauter: Folter in Geschichte und Gegenwart, Von Nero bis Pinochet, Frankfurt (Eichborn-Verlag), 1988
Karl-Heinz Roth: Die Modernisierung der Folter in den beiden Weltkriegen, in: 1999, Zeitschrift für Sozialgeschichte des 20. und 21. Jahrhunderts, Hamburg, Nr. 3/1988
Hernán Valdés: Folter in Chile, Auch wenn es nur einer wäre ..., Reinbek (rororo aktuell Nr. 12347) 1987
Gero Gemballa: „Colonia Dignidad". Ein deutsches Lager in Chile, Reinbek (rororo aktuell Nr. 12415) 1988
Petra K. Kelly/Gert Bastian (Hrsg.): Tibet – ein vergewaltigtes Land, Bericht vom Dach der Welt, Reinbek (rororo Nr. 12474) 1988

Aktionsgruppe Philippinen (Hrsg.): Philippinen – wenn der Bambus bricht, Reinbek (rororo aktuell Nr. 5739) 1986
Michael Denis u.a.: Südkorea, Kein Land für friedliche Spiele, Reinbek (rororo 12237) 1988
Willy Brandt: Menschenrechte mißhandelt und mißbraucht, Essay, Reinbek (rororo aktuell Nr. 12135) 1987
Carola Stern: Strategien für die Menschenrechte, Frankfurt (Fischer-Taschenbuch Nr. 3831) 1983

Anschriften der ai-Büros in der Bundesrepublik

ai-Büro Aachen
Adalbertsteinweg 123 a/b
5100 Aachen
Tel.: (0241) 513653

ai-Büro Berlin
Pacelliallee 61
1000 Berlin 33
Tel.: (030) 8311046

ai-Büro Bielefeld
Kavalleriestraße 13
4800 Bielefeld 1
Tel.: (0521) 178203

ai-Büro Braunschweig
Bäckerklint 1
3300 Braunschweig
Tel.: (0531) 16227

ai-Büro Bremen
Goetheplatz 4
2800 Bremen 1
Tel.: (0421) 327937

ai-Büro Dortmund
Grisarstraße 2
4600 Dortmund 1
Tel.: (0231) 836711

ai-Büro Düsseldorf
Volksgartenstraße 35
4000 Düsseldorf 1
Tel.: (0211) 721600

ai-Büro Frankfurt
Vogelsbergstraße 36
6000 Frankfurt 1
Tel.: (069) 496149

ai-Büro Hamburg
Neue Gröninger Str. 4
2000 Hamburg 11
Tel.: (040) 327003

ai-Büro Hannover
Fraunhoferstraße 15
3000 Hannover 1
Tel.: (0511) 667263

ai-Büro Karlsruhe
Gartenstr. 62, Hinterhaus
7500 Karlsruhe 1
Tel.: (0721) 845552

ai-Büro Kassel-Göttingen
Querallee 50/52
3500 Kassel
Tel.: (0561) 775495

ai-Büro Kiel
Bremer Straße 2
2300 Kiel 1
Tel.: (0431) 86988

ai-Büro Köln
Domstraße 56
5000 Köln 1
Tel.: (0221) 121415

ai-Büro Mainz-Wiesbaden
Dagobertstraße 14
6500 Mainz
Tel.: (06131) 233560

ai-Büro Ludwigshafen-Mannheim
Augusta-Anlage 53
6800 Mannheim 1
Tel.: (0621) 407361

ai-Büro München
Leonrodstraße 19/1
8000 München 19
Tel.: (089) 165412

ai-Büro Nordwürttemberg
Hauptstätter Straße 51
7000 Stuttgart 1
Tel.: (0711) 233653

ai-Büro Tübingen
Postfach 1124
7400 Tübingen 1
Tel.: (07071) 27616

ai-Büro Ulm
Ensingerstraße 21
7900 Ulm/Donau
Tel.: (0731) 63632

ai-Büro Wuppertal
Brucher Straße 16
5600 Wuppertal 1
Tel.: (0202) 781140

Möchten Sie amnesty international unterstützen?

Dann schicken Sie bitte diese Seite ausgefüllt an eine der beiden folgenden Adressen:

amnesty international
Sektion der Bundesrepublik
Deutschland e. V.
Nationales Sekretariat
Heerstraße 178
5300 Bonn 1

amnesty international
Bezirk...

(Bezirksstempel)

In welcher Form? (Zutreffendes bitte ankreuzen!)

- *Ich möchte amnesty international unterstützen*

  ☐ als Förderer durch regelmäßige Überweisungen. Bitte schicken Sie mir eine Förderer-Erklärung.

  ☐ durch eine einmalige Spende in Höhe von ..... DM, die ich auf das Spendenkonto ☐ BKD-Duisburg Konto-Nr. 30000 BLZ 35060190 ☐ Postgirokonto Köln 224046-502 BLZ 37010050 überwiesen habe.

  Beiträge an amnesty international sind steuerlich absetzbar.

- *Ich möchte amnesty international durch meine Mitarbeit unterstützen*

  durch Teilnahme an

  ☐ den urgent actions (Eilaktionen)

  ☐ der Aktion „Gefangene des Monats"

  ☐ als Übersetzer für die Fremdsprache(n)............. /Deutsch
  .... /Deutsch

  ☐ Ich bitte um ausführliche Information über die Arbeit von amnesty international, weil

  ☐ ich gern aktives Mitglied einer amnesty-Gruppe werden möchte. (Die Kontakte zu ai-Gruppen werden von den ai-Bezirken vermittelt. Bitte wenden Sie sich an den Ihnen am nächsten gelegenen Bezirk. Die Bezirksadressen finden Sie innen auf dem rückwärtigen Broschüreneinband.)

Absender:

Name: .... Alter:............
Anschrift: ....
....
Telefon: .... Datum: ....